現代立憲主義
日本國憲法條文判例

胡慶山／著

平等　自由　和平　主權　國民

序

在「近代意義的憲法」中,必須是「立憲主義」此種「特定的思想」作為內容的「國政秩序」。基本上所謂的「立憲主義」,即是「制定憲法」,根據憲法進行國家政治的意涵,但其前提的「憲法」究竟為何?則其意涵將完全不同。若是「形式上」的憲法典時,則憲法典的內容其實是「專制獨裁」,根據上述內容的「國家政治的內涵」,即會成為違反「現代立憲主義」的政治體制。因此在「近代立憲主義」傳統上受到強調的是,國家政治的內容必須是「國民的權利保障」以及其在上述目的下的「權力分立的原理」,必須具備此兩種的要素。然而,在現代,除上述的「近代立憲主義」傳統兩個要素之外,必須加上「憲法具有最高法規性」的同時,具備「合憲性審查體制」的憲法典作為基礎,運作國家政治的方式等受到主張[1]。

根據二〇二四年五月二十日賴清德就任中華民國第十六任總統的就職演說[2]中,提及的「我以無比堅定的心情,接受人民的託付,就職中華民國第十六任總統,我將依據中華民國憲政體制,肩負起帶領國家勇往前進的重責大任」;「一九九六年的今天,臺灣第一位民選總統宣誓就職,向國際社會傳達,中華民

---

[1] 大石真=大沢秀介,《判例憲法 第3版》(東京都:有斐閣,2021年),頁4。
[2] 中華民國總統府Office of the President Republic of China (Taiwan),「總統發表就職演說 宣示打造民主和平繁榮的新臺灣」,https://www.president.gov.tw/News/28428

國臺灣是一個主權獨立的國家、主權在民」；「對內，我會用人唯才，清廉勤政，並落實民主治理，建立開放政府，以『公開透明』、『人民作主』的精神，鼓勵大眾參與公共政策，繼續推動十八歲公民權，共同實踐國家的願景」；「因此，我希望中國正視中華民國存在的事實，尊重臺灣人民的選擇，拿出誠意，和臺灣民選合法的政府，在對等、尊嚴的原則下，以對話取代對抗，交流取代圍堵，進行合作，可以先從重啟雙邊對等的觀光旅遊，以及學位生來臺就學開始，一起追求和平共榮」；「我們都知道，有主權才有國家！根據《中華民國憲法》，中華民國主權屬於國民全體；有中華民國國籍者，為中華民國國民；由此可見，中華民國與中華人民共和國互不隸屬。每一個人，都要團結、愛護國家；任何一個政黨，都要反併吞、護主權，不可為了政權犧牲國家主權」。

究竟《中華民國憲法》是否為「近代立憲主義意義」的「憲法」？或者是「現代立憲主義意義」的「憲法」？以及《中華人民共和國憲法》是否為「近代立憲主義意義」的「憲法」？或者是「現代立憲主義意義」的「憲法」？上述兩部的憲法的關係為何？是否為「互不隸屬」？或者是「互相重疊」？上述兩部憲法的關係在條文上是如何規定？仍然有待進一步的釐清。無論如何，現代立憲主義意義的憲法必須符合以下的四項重要的基本原理：（一）憲法的主權屬於國民、（二）國民的基本人權必須受到憲法的保障、（三）藉由權力分立的基本原理保障憲法所保障的基本人權、（四）立法機關與行政機關的一切作為皆不得違反憲法，產生爭議時必須由司法機關此一法原理機關進行違憲審查，以確保憲法的最高法規性。

日本的憲法制定與實施至今已有七十七年的歷史，在此期間所累積的憲法判例相當的多，《日本國憲法》的各個條款在日本

法院如何受到解釋與適用，透過憲法判例即可將《日本國憲法》各個條款的實施加以具體化[3]。

行公義好憐憫存謙卑的心與耶穌基督上帝同行。
（《彌迦書》6章8節暨《新約聖經》）

胡慶山
謹識於淡江大學國際事務學院日本研究中心
主耶穌基督誕生後2024年5月21日

---

[3] 野坂泰司，《憲法基本判例を読み直す　第2版》（東京都：有斐閣，2019年），頁iii。

目次

序　　　　　　　　　　　　　　　　　　　003

壹、現代立憲主義　　　　　　　　　　　　009

貳、《日本國憲法》前文　　　　　　　　　013

參、國民主權（《日本國憲法》第1條）　　023

肆、戰爭的放棄與戰力及交戰權的否認
　　（《日本國憲法》第9條）　　　　　　033

伍、國民的要件（《日本國憲法》第10條）　059

陸、基本人權的享有（《日本國憲法》第11條）　073

柒、自由及權利的保持責任與濫用的禁止
　　（《日本國憲法》第12條）　　　　　　107

捌、個人的尊重、生命自由幸福追求權與公共的福祉
　　（《日本國憲法》第13條）　　　　　　　　　　　　　109

玖、法之下的平等（《日本國憲法》第14條）　　　　　　161

代結語　日本最高法院憲法判例的問題點與多數意見
　　　　形成的背景因素　　　　　　　　　　　　　　　195

參考文獻　　　　　　　　　　　　　　　　　　　　　　205

壹、現代立憲主義

　　近代立憲主義的現代的變化，從世界史的觀點觀之，乃是在由消極國家轉換為積極國家的基礎之上，國家在憲法的名義下，將該社會的體制價值貫徹至一般的私人間的社會關係上。現代立憲主義具有以下三個特點。

　　第一，將憲法的規範性強調是立法權，近一步針對國民私人的關係，由法院承擔「對憲法忠誠」的責任，並加以貫徹之；第二，強化積極國家核心的行政權目的下，被認為是主權者的國民與行政權進行直接連結，總統或者總理的普選，無論是在制度上或者是事實上，藉由行政權的倡議的人民投票加以確保，藉由上述的機制產生的政治效果，將政黨對立包括含攝在體制內對立的框架之中；第三，藉由關於社會權的保障，以及自由權亦適用在私人間的效力，從「免受國家干涉的自由」的觀念逆轉為「藉由國家保障自由」。

　　然而，儘管有上述的現代傾向，關於國家的價值中立性、思想的自由競爭、免受國家干涉的自由，此種一連串的近代思想的傳統或多或少皆受到繼承，藉由憲法以拘束國家權力作為核心的近代立憲主義的傳統，在現代立憲主義的全面化下或多或少受到某種的限定，正是如此，現代立憲主義憲法的傾向本身，對統治階層的要求，或多或少亦受到實現。要言之，國家權力針對社會生活的介入，藉此確保社會弱勢者的權利，並且國民藉由國家公

權力行使主動地參加,此種契機已或多或少地出現。

然而,關於日本的情況,日本東京大學的榮譽教授樋口陽一指出[1],與現代的西歐世界,憲法支撐「體制」的不可或缺的內在的基本問題狀況相比,存在著極大的差異;相反地,檢視上述現代憲法的傾向,欠缺近代的精神史的遺產所致,現在憲法的傾向本身當中,在被支配階層的要求,究竟居於何種地位的觀點上,亦與西歐有所相當的差距。對吾人而言,此乃必須有十二萬分自覺的必要,正因為如此,在日本,憲法對於「體制」而言,更加地受到意識到有強烈的桎梏,對被支配階層而言,此乃是未來應該獲得的一個象徵所在。

所謂的「憲法判例」所指為何?乃是判例的一種,在本質上與其他非憲法的民事訴訟判例或者刑事訴訟判例並無不同。所謂的憲法判例,乃是透過憲法裁判表明出將來亦可遵守可預測的憲法規定相關的規範意涵;日本裁判書中的傍論(obiter dictum)亦包括在內的廣義憲法判例;亦可定義為與憲法有關的爭論點所提起的訴訟。藉由針對憲法訴訟的裁判案例,在廣義上可視為是憲法判例,由此可知「《日本國憲法》的現實」[2]。

《日本國憲法》第八十一條規定,「最高法院,擁有決定一切的法律、命令、規則或者處分是否適合憲法的權限的終審法院」,藉此擔保憲法的最高法規性。日本的法令以最高法規的憲法作為頂點而形成一個體系。在維持上述法體系的統一性的目的下,下位的法令必須受到適合上位法令的解釋。因此,所有的法令必須是適合最高法規的憲法而受到解釋。特別是在法律的情形,除要求尊重民主立法者的判斷之外,不應該立即採取違憲的

---

[1] 樋口陽一,《近代立憲主義と現代国家 新装版》(東京都:勁草書房,2021年),頁323。
[2] 橫大道聡編著,《憲法判例の射程 第2版》(東京都:弘文堂,2023年),頁3。

解釋[3],「法律的規定,盡可能地根據憲法的精神做出可以與此調和的合理解釋」[4]。

---

[3] 櫻井智章,《判例で読む憲法 改訂版第3刷》(東京都:北樹出版,2023年),頁19-20。
[4] 日本都教組事件:最高法院大法庭判決昭和44年4月2日《最高裁判所刑事判例集》第23卷第5號,頁305。

貳、《日本國憲法》前文

一、前文

日本國民，透過正當地受到選舉的國會的代表者行動，為著吾人與吾人的子孫，與各國國民之間協和的成果，橫跨我國全土確保自由所帶來的恩惠，決心不再因著政府的行為再度引起戰爭的悲慘災禍，在此宣言主權屬於國民，確定此部憲法。基本上國家政治，乃是根據國民嚴肅的信託，國家的權威來自於國民，其權力由國民的代表者行使之，其福利由國民享受之。此乃是人類普遍的原理，此部憲法，根據上述的原理。吾人排除違反上述原理的一切憲法、法令以及詔令敕令。

日本國民，祈願恆久的和平，深深自覺到支配人類相互關係的崇高理想，信賴愛好和平各國國民的公正與信義，決心確保吾人的安全與生存。吾人在努力維持和平、將專制與隸屬、壓迫與偏狹從地上永遠除去的國際社會中，追求處在有名譽的地位。吾人確認，全世界的國民，享有平等免受恐怖與缺乏，在和平當中生存的權利。

吾人相信，所有的國家絕不會僅致力於本國事務而忽視他

國,政治道德的法則具有普遍性,根據此項法則,乃是維持本國的主權,與其他國家居於對等關係的各國的責任與義務。

日本國民誓言,追求國家的名譽,傾其全力,達成此一崇高理想與目標。

二、概要

關於上述《日本國憲法》前文的概要,日本學習院大學榮譽教授戶松秀典指出[1]:

> 此項前文,與第1條至103條的條文同時構成《日本國憲法》。其內容,如同第1項的國民主權與基本人權尊重主義,第2項的和平主義,第3項的國際協調主義般地,倡導可說是《日本國憲法》基礎的基本理念乃至於原則,整體而言,如同第4項所宣示般地,其制定權者的國民誓言實現《日本國憲法》的規定的旨趣。在實際的訴訟上,與其他個別條文同時,或者,單獨,此處的前文作為違憲主張的根據受到引用之處不少。因此,前文的法性質受到提問,又,在擁有作為裁判規範性質的前提的法權利以及國家的法義務受到導出,與此相關的判例存在。

---

[1] 戶松秀典,〈前文〉,戶松秀典=今井功編著,《論点体系 判例憲法 1:裁判に憲法を活かすために》(東京都:第一法規株式会社,2013年),頁1。

三、與《日本國憲法》前文有關的法令

戶松秀典指出[2]：

《伊拉克特別措施法》、《刑事特別法》(《美利堅合眾國與日本國之間互相合作與安全保障條約》第6條相關的設施以及區域並日本國內合眾國軍隊地位相關協定的實施伴隨的《刑事特別法》)、《輕犯罪法》、《公職選舉法》、公民與政治權利相關的國際公約、《國民年金法》、國家公務員法、財產及請求權相關問題解決並關於經濟合作的日本國與大韓民國之間協定第2條的實施所伴隨的對於大韓民國等的財產措施相關法律、出入國管理令、《森林法》、《世界人權宣言》、駐留軍用的特別措施法、關於難民地位公約等的加入所伴隨的出入國管理令及其他相關法律的準備的法律、《美日安保條約》、《日韓請求權協定》、日本國與中華民國之間的和平條約。

四、論點

1、關於「前文是否具有法的性質？」的判例

戶松秀典指出[3]：

---

[2] 戶松秀典，〈前文〉，戶松秀典＝今井功編著，《論点体系 判例憲法 1：裁判に憲法を活かすために》，頁2。
[3] 戶松秀典，〈前文〉，戶松秀典＝今井功編著，《論点体系 判例憲法 1：裁判に憲法を活かすために》，頁2。

在北海道夕張郡長沼町建設所謂的奈基（筆者註：Nike-Hercules力士型地對空飛彈）基地的防衛廳（當時）從農林省接受國有林管轄的更替，在推動保安林指定處分解除的程序時，地方上的居民們，對於農林大臣根據《森林法》第26條第2項進行的保安林指定處分的解除，要求其執行停止以及取消的訴訟（長沼力士型飛彈基地訴訟），此時舉出前文以及第9條等作為違法、違憲主張的根據。對此，第1審法院判決表示，前文明文規定憲法制定的由來、動機、目的或者基本原則等，對此加以宣言。承認前文的法性質[4]。其控訴審判決表示，全文在形式上乃是憲法典的一部分，由於其內容規定主權的所在、政體的形態並且國家政治運作相關的和平主義、自由主義、人權尊重主義等，因此必須說是具有法性質[5]。最高法院的裁判當中，關於此項論點，雖然並未存在從正面主張的案例，……但即使在否定裁判規範性判決當中，可視為是以此作為前提，承認法的性質。

2、關於「前文是否具有裁判規範的性質，保障和平生存權作為法的權利？」的判例

戶松秀典指出[6]：

倡導和平主義原則的第2項的第3句的最後部分中，有「確

---

[4] 日本札幌地方法院判決昭和48年9月7日下級裁判所民事裁判例集第36卷第9號，頁1791。
[5] 日本札幌高等法院判決昭和51年8月5日下級裁判所民事裁判例集第36卷第9號，頁1890。
[6] 戶松秀典，〈前文〉，戶松秀典＝今井功編著，《論点体系 判例憲法 1：裁判に憲法を活かすために》，頁3。

認在和平當中享有生存的權利」，從此解釋和平生存權此種法的權利乃至於人權受到保障，此項權利的侵害作為違憲主張根據的案例存在。其代表案例為……長沼力士型飛彈基地訴訟。其第一審判決中[7]，《森林法》上的保安林制度，並未限定在該法第25條所規定的目的，應該解釋為亦有實現憲法的基本原理的民主主義、基本人權尊重主義、和平主義目的的區域居民的和平生存權的保護，雖然受到主張，但其控訴審判決中[8]，前文僅止於作為國家政治運作的方針而規定和平主義，並非作為裁判規範具有在現實上個別內容的法權利加以保障的和平生存權，否定的判斷受到表示。此上告審，實體判斷未受到作出，最高法院的判斷並未受到表示。

3、關於「前文是否課處國家有法義務？」的判例

針對韓國‧朝鮮人BC級戰犯者的國家賠償等請求事件，戶松秀典指出[9]：

> 最高法院，否定以下主張的根據[10]。根據同盟國的裁判，作為BC級戰犯已經接受刑罰執行的朝鮮半島出身者，關於已經接受其刑罰執行的戰爭犧牲乃至於損害，不待立法理所當然地，對於戰爭遂行主體的國家，可請求國家補償的條理尚未存在，從憲法的各項規定上述條理亦無法受到

---

[7] 日本札幌地方法院判決昭和48年9月7日《下級裁判所民事裁判例集》，頁1791。
[8] 日本札幌高等法院判決昭和51年8月5日《下級裁判所民事裁判例集》，頁1890。
[9] 戶松秀典，〈前文〉，戶松秀典＝今井功編著，《論点体系 判例憲法 1：裁判に憲法を活かすために》，頁5。
[10] 日本最高法院第一小法庭判決平成11年12月20日《訟務月報》第47卷第7號，頁1787。

導出。此在其原審判決中[11]，前文並未賦予或者保障國民及他者具體的權利；又，第9條或者第13條等的規定由於亦無法解釋保障針對具體的戰爭犧牲被害的補償請求權，因此戰爭遂行主體的國家根據自己的責任應該補償該戰爭犧牲・被害的條理在憲法上受到承認的主張無法承認。

4、關於「作為法制度或者法規定的違憲根據，主張前文是否妥適適當？」的判例

關於法制度或者法律的規定，不僅前文，舉出其他個別條文，主張違憲的案例存在。此時，明白表示前文倡導的國民主權、和平主義以及國際協調主義的原則，主張其違反的案例，或者在未觸及原則下主張違憲的案例可見到。然而，法院對於任一種情形，對其主張皆進行消極的判斷。

在「國民主權」方面，戶松秀典指出[12]：

> 關於《公職選舉法》限制與禁止選舉活動的規定的合憲性，存在舉出前文與其他條文進行爭議的訴訟。對此，《公職選舉法》[13]第138條第1項、第239條第3號的戶別訪問禁止規定；第142條第1項、第243條3號的文書等頒布限制規定；第146條第1項、第243條的非法文書限制規定，判決表示不違反前文、第13條、第15條、第21條、第31條的案例[14]所代表般地，最高法院一貫做出合憲的判斷[15]。

---

[11] 日本東京高等法院判決平成10年7月13日《訟務月報》第45卷第10號，頁1803。
[12] 戶松秀典，〈前文〉，戶松秀典＝今井功編著，《論点体系　判例憲法　1：裁判に憲法を活かすために》，頁6。
[13] 昭和57年法律第81號修正前。
[14] 日本最高法院第三小法庭判決昭和60年11月12日《最高裁判所裁判集刑事》第21號，頁79。
[15] 日本最高法院第二小法庭判決昭和61年7月7日《最高裁判所裁判集刑事》第241

在當中,並未針對第1項的國民主權原理的意義進行深入的討論。

此種情形在以後所舉出的判例[16]亦相同。

5、在「和平主義」方面,有《美日安保條約》相關的判例

戶松秀典指出[17]:

> 砂川事件的最高法院判決[18]中,根據《美日安保條約》的美利堅合眾國軍隊的駐留,符合第9條、第98條第2項以及前文的旨趣,受到判決表示。其十年之後,最高法院大法庭,針對《美日安保條約》,判決不承認違反第9條、第98條第2項以及前文的旨趣而明白違憲[19]。在下級審方面,根據《美日安保條約》美利堅合眾國軍隊的駐留,判決違反第9條的砂川事件第1審判決[20],以前文第2項等作為根據解釋第9條,但其他的下級審判決,則做出與最高法院判決相同旨趣的判決表示[21]。此外,在與沖繩的駐留美軍

號,頁79;日本最高法院第三小法庭判決平成14年9月10日《判例タイムズ》第104號,頁147。

[16] 下級審的案例有,日本東京高等法院判決昭和55年7月29日《高等裁判所刑事判例集》第33卷第3號,頁270。

[17] 戶松秀典,〈前文〉,戶松秀典=今井功編著,《論点体系 判例憲法 1:裁判に憲法を活かすために》,頁7-8。

[18] 日本最高法院大法庭判決昭和34年12月16日《最高裁判所刑事判例集》第13卷第13號,頁3225。

[19] 日本最高法院大法庭判決昭和44年4月2日《最高裁判所刑事判例集》第23卷第5號,頁685。

[20] 日本東京地方法院判決昭和34年3月30日《下級裁判所刑事裁判例集》第13卷第13號,頁3305。

[21] 日本東京地方法院判決昭和40年8月9日《下級裁判所刑事裁判例集》第7卷第8號,頁1603;東京地方法院判決昭和42年12月12日《行政事件裁判例集》第18卷第12號,頁1592;橫濱地方法院判決昭和62年1月29日《刑事手續法規に關する通達・質疑応答集》第263號,頁1062;長崎地在世保支部判決昭和62年3月

基地的關係上,最高法院的判決是,駐留軍用的特別措施法,不違反前文、第9條、第13條、第29條第3項、第31條;又,在內閣總理大臣合法的裁量判斷下,適用該法到沖繩縣內的土地無法說是全部未受到許可的程度,該法在該縣內的適用無法說是違反前文、第9條、第13條、第14條、第29條第3項、第92條[22]。再者,關於《刑事特別法》(根據《美利堅合眾國與日本國之間互相合作與安全保障條約》第6條的設施及區域並在日本國的合眾國軍隊的地位相關協定實施所伴隨的《刑事特別法》)第6條規定比《輕犯罪法》第1條第32號更重的刑罰,判決不違反前文、第9條、第31條的案例[23]亦存在。

日本砂川事件最高法院的判決,石坂修一法官的補充意見[24]是,「自衛權」,乃是針對「急迫非法的侵害」,「不得已」的情形下,日本「得以行使自衛權」,此乃是「理所當然」;既然日本本身得以行使自衛權,在「結論」上,應該視為是亦擁有「立即反應的有效適切的手段」;《日本國憲法》第九條規定,國權發動的戰爭,以及武力威嚇或者武力行使作為國際爭端解決的手段,永久放棄,在達成上述目的以下,不保持戰爭力量,如同上述日本「保有自衛權行使的手段即防衛手段」,終究「無法

11日《刑事手續法規に關する通達・質疑応答集》第263號,頁163;那霸地方法院判決平成2年5月29日《行政事件裁判例集》第41卷第5號,頁947。
[22] 日本最高法院大法庭判決平成8年8月28日《最高裁判所民事判例集》第50卷第7號,頁1952;亦可參照其原審的福岡高等法院那霸支部判決平成8年3月25日《下級裁判所民事裁判例集》第50卷第7號,頁2157。
[23] 日本橫濱地方法院判決昭和62年1月29日《刑事手續法規に關する通達・質疑応答集》第263號,頁1063。
[24] 初宿正典=大石真=松井茂記=市川正人=高井裕之=藤井樹也=土井真一=毛利透=松本哲治=中山茂樹=上田健介,《憲法Cases and Materials憲法訴訟Constitution Law (Constitution Trial)》(東京都:有斐閣,2007年),頁316。

解釋為全面禁止」。

6、在「國際協調主義」方面的代表判例

戶松秀典指出[25]：

> 最高法院判決[26]表示，原告已經喪失日本國籍的原審判斷，並不違反第10條、第14條、第31條、第98條第2項以及前文。在上述判決中，日本國內法上擁有作為臺灣人的法地位者，昭和28年8月5日的日本國與中華民國之間的和平條約及相關文書的生效，應該解釋已經喪失日本國籍，即使是根據日本國政府與中華人民共和國政府的共同聲明肯定承認上述解釋不應該產生變更的見解。此外，即使是關於所謂《日韓請求權協定》以及財產以及請求權相關問題的解決並經濟合作相關的日本國與大韓民國之間的協定第2條的實施所伴隨的大韓民國等的針對財產權措施相關法律的訴訟，其協定及法律無法說是違反前文、第13條、第14條、第29條的東京地方法院判決[27]存在。

---

[25] 戶松秀典，〈前文〉，戶松秀典＝今井功編著，《論点体系　判例憲法　1：裁判に憲法を活かすために》，頁9-10。
[26] 日本最高法院第二小法庭判決昭和58年11月25日《最高裁判所裁判集民事》第140號，頁527。
[27] 日本東京地方法院判決平成16年10月15日《訟務月報》第54卷第3號，頁591。

參、國民主權
　　（《日本國憲法》第1條）

一、條文

　　天皇，乃是日本國的象徵，日本國民統合的象徵，此地位，根據主權所在日本國民的總意。

二、概要

　　關於此條文的概要，日本學習院大學法科大學院教授青井未帆指出[1]：

> 標題是「天皇」，起因是《日本國憲法》乃是在《大日本帝國憲法》修正此種形式下受到制定。舊憲法第1章有十七個條文，天皇的定位是，「國家的元首總攬統治權」（第4條）的「萬世一系的天皇」（第1條）。與天皇地位有關的是倡導國民主權的現行憲法第1條，在上述兩個憲

---

[1] 青井未帆，〈第1条〉，戶松秀典＝今井功編著，《論点体系　判例憲法　1：裁判に憲法を活かすために》，頁13。

法的對比上最為受到理解。所謂的「象徵」，乃是在法上不具有特定意義的用語，從憲法制定時的討論觀之，國民乃是在天皇的權力性「必要以上」的想法不存在疑慮下，所受到選擇使用的用語可知[2]。

本條文亦包含，關於「天皇」的條款，在性質上，難以在裁判中受到爭議，「判例的法理」展開不太見到。因此「政府解釋」可說是創設出「天皇條款」的現在實際狀態。學說亦在上述的狀態下並未提出太大的爭論，與本條相同以「政府解釋」作為主導受到展開的第九條的狀況完全不同。

三、論點

1、關於「天皇是否成為《日本國憲法》第3章的人權保障主體？」的判例

「政府解釋」與學說多數說同時進行肯定的解釋，鑒於天皇的「象徵」性，雖然承認「制約」，但從正面討論的判例並不存在。青井未帆指出[3]：

> 下級審判決中，以傍論的方式提及此點的案例是，所謂的天皇拼貼圖事件受到舉出。將昭和天皇的肖像與東西方的名畫、解剖圖、家具、裸女等加以組合構成的拼貼圖作品主張昭和天皇的隱私的權利以及肖像權有侵害之虞，對

---

[2] 日本貴族院的國憲法改正案特別委員會9月11日（國務大臣・今森德次郎）。
[3] 青井未帆，〈第1条〉，戶松秀典＝今井功編著，《論点体系　判例憲法　1：裁判に憲法を活かすために》，頁14。

此,富山地方法院判決[4],天皇被包含在第3章的「國民」內,乃是憲法保障基本人權的享有主體,隱私的權利以及肖像權受到保障,「天皇作為象徵的地位從天皇的職務觀之,對於天皇,隱私的權利以及肖像權的保障受到制約,此種解釋乃為相當」,對於該事件中的作品,否定肖像權及隱私權的侵害性[5]。

2、關於「針對天皇的名譽棄損罪是否成立?」的判例

在戰前,根據將「天皇的尊嚴」作為「保護法益」的「不敬罪」規定,「危害皇室尊嚴的一切行為成為處罰的對象」[6]。青井未帆指出[7]:

> 接受《波茨坦宣言》(昭和20年8月15日),簽署投降文件(昭和20年9月2日)之後的昭和21年5月19日,高舉寫著「裕仁詔書曰 國家政體受到護持朕吃鱈魚肚汝人民餓死御名御璽日本共產党 田中精機細胞」的標語牌,參加「獲得米飯人民大會」(糧食日),以符合對天皇不敬行為的罪受到起訴,所謂的天皇標語牌事件。現行憲法受到公布(昭和21年11月3日)的前一日做出的第1審判決[8],針對不敬罪,以天皇的「特殊地位已完全變革」判決無法適用,而適用名譽棄損罪。該事件控訴審判決中,針對

---

[4] 日本富山地方法院判決平成10年12月16日《判例タイムス》第995號,頁76。
[5] 日本名古屋高等法院黃金澤支部判決平成12年2月16日《判例タイムス》第1056號,頁188亦對此支持。
[6] 舊刑法第74條等。
[7] 青井未帆,〈第1条〉,戶松秀典=今井功編著,《論点体系 判例憲法 1:裁判に憲法を活かすために》,頁14-15。
[8] 日本東京刑事地方法院判決昭和21年11月2日《下級裁判所刑事裁判例集》第2卷第6號,頁603。

「即使是在新憲法下天皇（中間省略）正當保有與一般人民完全不同的特別地位與職能」，應該解釋不敬罪作為名譽毀損的特別罪繼續存在，根據受到與新憲法公布同時公布的大赦令[9]，做出免訴的判決[10]。控訴審判決著眼於「象徵」此種的地位，將上述國家的法益理解為名譽棄損罪的保護法益。最高法院根據大赦令，判決公訴權已經消失，並且針對進行實體審理作出有罪判決的原審判決在此點上判決違法，儘管如此，結論仍然受到維持[11]。最高法院判決是否將針對天皇的名譽棄損罪的保護法益，與控訴審判決做出同樣的解釋？則無法由判決文中窺出。

「不敬罪」規定受到廢止，是在昭和二十二（一九四七）年的《刑法》修正[12]。此時，關於「名譽毀損罪」[13]，可進行告訴者為「天皇、皇后、太皇太后、皇太后或者皇嗣」時，規定由「內閣總理大臣代為進行告訴」[14]，且提高「法定刑的下限」。

3、關於「民事裁判權是否達及天皇？」的判例

千葉縣知事為著昭和天皇的疾病儘快痊癒的目的下「設置記帳所」，針對以「公共資金」對此進行支出，以天皇作為被告的「住民訴訟」受到提起，青井未帆指出[15]：

---

[9] 昭和21年11月3日。
[10] 日本東京高等法院判決昭和22年6月28日《下級裁判所刑事裁判例集》第2卷第6號，607頁。
[11] 日本最高法院大法庭判決昭和23年5月26日《最高裁判所刑事判例集》第2卷第6號，頁529。
[12] 昭和22年法律第124號。
[13] 刑法第230條。
[14] 刑法第232條第2項。
[15] 青井未帆，〈第1条〉，戶松秀典＝今井功編著，《論点体系 判例憲法 1：裁判に憲法を活かすために》，頁15。

最高法院的判決[16]是,「鑒於天皇乃是日本國的象徵,日本國民統合的象徵,解釋民事裁判權不達及天皇乃是相當」,判決「應該駁回訴狀」。

值得注意的是,下級審的判例[17]。即針對皇后,「民事裁判權,原則上達及我國國內所有的人,皇后乃是日本國的象徵且是日本國民統合象徵的天皇的配偶」,不「應成為否定對於皇后民事裁判權的理由」。

4、關於「本條的國民主權原理是否成為針對國家行為制約?」的判例

在日本最高法院的判決方面,青井未帆指出[18]:

> 在《公職選舉法》的關係上,公選法[19]第138條第1項、第239條第1項第3號的戶別訪問禁止規定;第129條、第239條第1項的事前運動禁止規定,判決不違反憲法前文、第1條、第15條第1項、第21條第1項、第31條的案例[20]等,關於國民主權原理[21]並未作出深入的討論。此外,規定擴大

---

[16] 日本最高法院第二小法庭判決平成元年11月20日《最高裁判所民事判例集》第43卷第10號,頁1160。
[17] 日本東京高等法院決定昭和51年9月28日《東京高等裁判所判決時報(民事)》第27卷第9號,頁217。
[18] 青井未帆,〈第1条〉,戶松秀典=今井功編著,《論点体系 判例憲法 1:裁判に憲法を活かすために》,頁16。
[19] 平成6年法律第2號修正前。
[20] 日本最高法院第三小法庭判決平成14年9月10日《判例タイムズ》第1104號,頁147。
[21] 關於國民(nation)主權與人民(people)主權,在法國市民革命期間,否定君主主權制定新的立憲主義憲法的主權原理,究竟是採用國民主權或者是人民主權受到爭論,上述的對立甚至影響到第二次大戰後的憲法,在日本,使用國民主權的概念進行說明的學說不少。然而,若將國民的意涵解釋為「作為國籍保有者的整體的國民(全體國民)」,而將人民的意涵解釋為「社會契約參與者(普通

連坐制度的《公職選舉法》第251條之3第1項的合憲性[22]，眾議院議員選舉的機制的合憲性[23]，皆做出合憲的判斷。

在「外國人的公務就任權」以及「參政權」相關訴訟的判決上，「國民主權」原理並非是針對「國家行為」的制約，反倒是作為「制約權利」主張的理由受到使用。

關於「外國人的公務就任權」，韓國國籍的「特別永住者」，東京都的保健婦，以無「日本國籍」為理由，課長級的「管理職選任考試」的資格受到否定，要求「確認考試資格與損害賠償」的事件中，青井未帆指出[24]：

> 最高法院的判決[25]是，「地方公務員當中，進行直接形成住民的權利義務確定其範圍等的公權力行使相當的行為，或者進行關於普通地方公共團體重要政策相關決定，或者以參與規劃上述者作為職務」，視為是「公權力行使等地方公務員」，「根據國民主權的原理，參照關於國家及普通地方公共團體的統治內涵，作為日本國統治者的國民應

選舉權者）的整體的國民」時，兩個主權原理，雖然可對應於作為主權主體的「全體國民」與「有權者團體」的區別，但一般而言，國民（nation），與具體實際存在的國民有別，乃是另一個在觀念上與抽象上的團體人格的國民的意涵，而受到解釋；而人民（people）在今日，則是指性別與年齡別的差距不存在下的「全體」。芦部信喜著，《憲法第七版》（東京都：岩波書店，2019年），頁16。

[22] 日本最高法院第一小法庭判決平成9年3月13日《最高裁判所民事判例集》第51卷第3號，頁1453。

[23] 《日本國憲法》最高法院第三小法庭判決平成16年12月7日《裁判所時報》第1377號，頁3。

[24] 青井未帆，〈第1条〉，戶松秀典＝今井功編著，《論点体系　判例憲法　1：裁判に憲法を活かすために》，頁16-17。

[25] 日本最高法院大法庭判決平成17年1月26日《最高裁判所民事判例集》第59卷第1號，頁128。

該負有最終的責任[26]，應該視為是原則上擁有日本國籍者想定就任公權力行使等的地方公務員。

關於「外國人的地方參政權」，青井未帆指出[27]：

> 地方公共團體首長以及其議會議員的選舉限定在日本國民的住民的自治法第11條、第18條、《公職選舉法》第9條第2項的各規定的憲法適合性受到爭議的事件中，最高法院的判決[28]是，「若參照主權在於『日本國民』的憲法前文以及第1條的規定，所謂憲法國民主權原理的國民，明顯地意味著日本國民即我國國籍的擁有者」，公務員選定罷免權，「不達及居留我國的外國人的解釋乃是相當」。

5、關於「本條的國民主權原理是否成為針對國家行為制約？」的判例

在日本下級法院的判決方面，在所謂的鋼琴伴奏拒絕事件中，青井未帆指出[29]：

> 禮讚天皇的《君之代》是否違反本條的論點，東京高等法院平成16年7月7日的判決[30]與其原審判決的東京地方法院平成15年12月3日的判決[31]，皆指出天皇乃是日本及日本國

---

[26] 《日本國憲法》第1條、第15條第1項。
[27] 青井未帆，〈第1条〉，戶松秀典＝今井功編著，《論点体系　判例憲法　1：裁判に憲法を活かすために》，頁17。
[28] 日本最高法院第三小法庭判決平成7年2月28日《最高裁判所民事判例集》第49卷第2號，頁639。
[29] 青井未帆，〈第1条〉，戶松秀典＝今井功編著，《論点体系　判例憲法　1：裁判に憲法を活かすために》，頁17。
[30] 《高等裁判所民事判例集》第11卷第1號，頁457。
[31] 《下級裁判所民事判例集》第61卷第1號，頁425。

民統合的象徵（本條），「《君之代》的『君』由於指的是天皇，應該說是其歌詞並未直接與否定憲法第1條做連結」。

關於「即位禮正殿的禮儀」，既然是宣明「國民統合象徵的天皇」的即位儀式，此亦是沿襲著「國民主權」原理，並不違反「國民主權」原理的案例，有橫濱地方法院平成11年9月27日判決[32]。青井未帆指出[33]：

使用縣的經費設置皇太子御成婚紀念庭園，主張違反第19條以其本條的案例中，大分地方法院平成9年12月16日的判決[34]是，上述的主張「為獨自的見解，無法採用」。

關於以本條所倡導的「國民主權」原理作為根據，導引出「資訊公開請求權」的主張，東京地方法院平成十五年九月十六日的判決[35]指出，「憲法第1條或第21條第1項無法導引出對於行政機關的具體資訊公開請求權」；「對於公共資訊承認國民具體的公開請求權，應該解釋為最終必須要有實定法上的根據」。

6、關於「不適合司法機關判斷而委託給主權者判斷的事項究竟為何？」的判例

以「國民主權」原理作為根據，判決「不適合司法機關自行

---

[32] 《判例時報》第1741號，頁53。
[33] 青井未帆，〈第1条〉，戶松秀典＝今井功編著，《論点体系 判例憲法 1：裁判に憲法を活かすために》，頁17。
[34] 《判例地方自治》第174號，頁62。
[35] 《訟務月報》第50卷第5號，頁1580。

做出判斷旨趣」的判例存在。青井未帆指出[36]：

> 日美安全保障條約合憲性的判斷，有「在第一次的判斷上，應該是遵照擁有上述條約締結權的內閣以及對此擁有承認權的國會的判斷，在最後的判斷上，則應該委託給擁有主權的國民所進行的政治批判此種解釋乃為相當」（砂川事件）的判決[37]；以及關於眾議院解散的合憲性，「應解釋為其判斷被委託給對於作為主權者的國民負有政治責任的政府，國會等的政治部門的判斷，最後則是委託給國民的政治判斷」（苫米地事件）的判決[38]。

---

[36] 青井未帆，〈第1条〉，戶松秀典＝今井功編著，《論点体系　判例憲法　1：裁判に憲法を活かすために》，頁18。
[37] 日本最高法院大法庭判決昭和34年12月16日《最高裁判所刑事判例集》第13卷第13號，頁3225。
[38] 日本最高法院大法庭判決昭和35年6月8日《最高裁判所民事判例集》第14卷第7號，頁1206。

參、國民主權（《日本國憲法》第1條）　031

肆、戰爭的放棄與戰力及交戰權的否認(《日本國憲法》第9條)

一、條文

日本國民,誠實希望祈求以正義與秩序作為基調的國際和平,永久放棄國家權力所發動的戰爭,以及武力的威嚇或者武力的行使,作為解決國際爭端的手段。

在達成前項的目的下,陸海空軍及其他的戰力皆不保持。不承認國家的交戰權。

二、概要

關於本條條文的概要,青井未帆指出[1]:

> 本條,乃是前文所表示的「和平主義」加以具體化的條文,第2章由此一個條文所構成。在本條以下關於可採取的政策,在戰後政治上,不斷地成為一個極大的爭論點而擴散。在世界的安全保障環境的變化當中,自衛隊的合憲

---

[1] 青井未帆,〈第9条〉,戶松秀典=今井功編著,《論点体系 判例憲法 1:裁判に憲法を活かすために》,頁31。

性至少並未成為政治上的爭論點,但截至目前,依然是在社會當中,有鑑於憲法的安全保障政策的界限,存在著深刻理解的對立。關於本條的裁判大多數,在政治過程當中失敗的一方,會根據自己思考的本條的價值促使其實現。理所當然地,本條由於是規定國家統治權力內涵的客觀法規定,暫且不論刑事事件,在裁判過程中,爭論國家行為符合本條的本身基本上極不容易。因此,提出不合法的訴訟受到駁斥的案例亦相當多。總而言之,法院在過去以來,表示出國家行為實體的本條的適合性判斷,乃是消極。

因此,在將本條加以具體化上,過去不斷累積的「政府解釋」則有其重要性。此與學說的多數存在著「尖銳的緊張關係」。

三、關於本條的評論

青井未帆指出[2]:

> 關於本條的政府解釋的架構如下。本條第1項雖然放棄作為解決國際爭端的「戰爭」、「武力威嚇」以及「武力的行使」,但獨立國家的固有自衛權並未受到否定。第2項所謂的「戰力」,所指的是超過在自衛的目的上必要最小限度的實力的實力[3]。我國行為的「戰爭」,以及防衛我

---

[2] 青井未帆,〈第9条〉,戶松秀典=今井功編著,《論点体系 判例憲法 1:裁判に憲法を活かすために》,頁31-32。
[3] 以上是昭和55年12月5日本政府答辯書等。

國目的必要最小限度的自衛權行使以外的「武力行使」以及「武力的威嚇」受到放棄[4]。所謂「武力的行使」，乃是指我國使用物力、人力的組織體作為國際武力爭端的一環所進行的戰鬥行為[5]。武力行使目的的「海外派兵」雖然受到禁止，但非武力行使目的的「海外派遣」則受到許可[6]。包含尚未到「參加」關於聯合國軍隊等的武力行使的各種資源在內的「協力」，只要未與上述所進行的武力行使一體化，受到憲法上的許可[7]。是否為一體化的情形？則是全面地斟酌（1）戰鬥活動受到進行或者即將受到進行的地點與該行動的場所之間的地理關係；（2）該行動等的具體內容；（3）擔任他國武力行使者之間關係的密切性；（4）意圖協力的對手活動現況等地各種背景因素後，受到個別的判斷[8]。此外，關於集體自衛權我國雖然擁有，但其行使超過自衛目的必要最小限度，則不受到承認[9]。

值得特別注意的是，二〇一四年七月一日，日本安倍晉三內閣做出以下的內閣會議決定：「集體自衛權的行使受到憲法上的容許」[10]，積極建構「保全國家存在成立，維護國民目的無縫接軌的安全保障法制」。

二〇一五（平成二十七）年所謂的安保法制受到確立，當針

---

[4] 日本平成6年6月8日眾議院預算委員會大出內閣法制局長官。
[5] 日本平成3年9月27日眾議院PKO特別委員會所提出。
[6] 昭和55年10月28日日本政府答辯書。
[7] 日本平成2年10月24日眾議院聯合國和平協力特別委員會工藤內閣法制局長官；平成2年10月26日眾議院聯合國和平協力特別委員會中山外務大臣。
[8] 日本平成9年2月13日眾議院預算委員會大林內閣法制局長官。
[9] 日本昭和56年5月29日政府答辯書等。
[10] 金子勝，〈《安保》の国と集団の自衛権〉，《立正法学論集》第48卷第2號（2015年），頁35。

對與日本有密切關係的他國進行武力攻擊時，造成日本的存在與成立受到威脅，日本國民的生命、自由以及追求幸福的權利從根本受到推翻存在明白危險的事態時，此即所謂的「日本存在成立危機事態」，日本自衛隊第七十六條第一項第二款規定內閣總理大臣得以命令自衛隊的全部或者一部分出動，主張上訴的規定違反憲法，要求確認針對該款規定的防衛出動命令不存在服從義務的訴訟當中，日本最高法院的判決[11]指出[12]：

> 作為將來不利益處分預防的目的，要求成為該處分前提的公共義務不存在確認的無名抗告訴訟，在不符合或然性要件的情形，應該說是不合法。

四、論點

1、關於「駐留在日本的美軍是否違反本條？」的判例

改訂前的日本國與美利堅合眾國之間的安全保障條約（舊安保條約）下發生的事件，此論點受到爭議的事件即是所謂的砂川事件。此乃是在美軍立川飛機場擴張集體抗議行動上，拔除飛機場的圍欄，進入圍欄內部的行為，由於違反根據舊安保條約第三條的行政協定所伴隨的《刑事特別法》第二條而受到提告的事件。青井未帆指出[13]：

---

[11] 日本最高法院判決令和元年7月22日《最高裁判所民事判例集》第73卷第3號，頁245。
[12] 小泉良幸＝松本哲治＝橫大道聰，《憲法判例コレクションA Collection of Case on the Constitution of Japan》（東京都：有斐閣，2021年），頁4-5。
[13] 青井未帆，〈第9条〉，戶松秀典＝今井功編著，《論点体系 判例憲法 1：裁判に憲法を活かすために》，頁33。

第1審的判決如下。美軍的駐留,「並非僅單純我國受到武力攻擊的防禦(中間省略)的援助而受到使用而已(中間省略),被捲入與我國無直接關係的武力爭端漩渦中,戰爭的悲劇達及我國的憂慮未必絕無僅有」,因此,「容許合眾國軍隊駐留我國政府的行為(中間省略),難道不會違背《日本國憲法》的精神的懷疑亦會產生」。駐留美軍,不論其指揮權或者出動義務的存在與否,符合本條所禁止的「戰力」[14]。

相對於此,受到檢察官的跳躍上告,青井未帆指出[15]:

最高法院的判決是,將「戰力」解釋為是「我國成為主體對此得以行使指揮權、管理權的戰力」之後,「外國的軍隊,即使是駐留在我國,不符合此處所謂的戰力」[16]。

2、關於「《美日安保條約》是否違反本條?」的判例

青井未帆指出[17]:

在砂川事件中最高法院針對做安保條約的判決是,「具有對我國存在成立基礎極其重大關係的高度政治性的條約」,其合憲性,「對於將純粹司法機能作為使命的司法

---

[14] 日本東京地方法院判決昭和34年3月30日《下級裁判所刑事裁判例集》第13卷第13號,頁3305。
[15] 青井未帆,〈第9條〉,戶松秀典＝今井功編著,《論点体系　判例憲法　1：裁判に憲法を活かすために》,頁33。
[16] 日本最高法院大法庭判決昭和34年12月16日《最高裁判所刑事判例集》第13卷第13號,頁3225。
[17] 青井未帆,〈第9條〉,戶松秀典＝今井功編著,《論点体系　判例憲法　1：裁判に憲法を活かすために》,頁33。

法院的審查，原則上屬於不適合的性質，因此，只要不承認是乍見之下極其明白違憲無效，則是在法院司法審查權的範圍外」。再者，關於美軍的駐留，判決表示「只能是符合憲法第9條、第98條第2項以及前文的旨趣，違反上述條章，違憲無效乍見之下極其明白，否則無法受到承認」。

　　此判決乃是認為「具有高度政治性」的同時，探討是否是「乍見之下極其明白違憲無效」，而做出一定的實體判斷。詳言之，「眾議院解散的合憲性」受到爭論的「苦米地事件最高法院大法庭判決」[18]，雖然是在「砂川事件」後約六個月所作出，此處與最高法院所做出的「統治行為論」不同，「砂川事件」受到使用的是混合著「裁量論」的討論。在「砂川事件最高法院大法庭判決」所表示的統治行為論，稱為是「變形的統治行為論」[19]。

3、關於「《日美地位協定》是否違反本條？」的判例

　　關於「《日美地位協定》（《美利堅合眾國與日本國之間互相合作與安全保障條約》第六條的設施及區域並日本國內合眾國軍隊地位相關協定）」的合憲性，青井未帆指出[20]：

　　　　上述規定參照本條、第98條第2項及前文等的旨趣，無法

---

[18] 日本最高法院大法庭判決昭和35年6月8日《最高裁判所民事判例集》第14卷第7號，頁1206。
[19] 〈第2章　戦争の放棄〉，樋口陽一＝佐藤幸治＝中村睦男＝浦部法穂編著，《注解法律学1・憲法1》（東京都：青林書院，1994），頁169。
[20] 青井未帆，〈第9条〉，戶松秀典＝今井功編著，《論点体系　判例憲法　1：裁判に憲法を活かすために》，頁34。

被承認為「乍看之下極其明白違憲」等的判例有，最高法院大法庭判決昭和44年4月2日[21]……（安保6月4日仙臺高等法院事件）……（但本判決，參照砂川事件最高法院大法庭判決的旨趣，並未使用「乍看之下極其」的用語），以及最高法院第二小法庭決定昭和38年12月25日[22]（砂川事件再上告審決定）……。此外，下級審裁判案例有，東京高等法院判決昭和42年6月20日[23]、橫濱地方法院判決昭和62年1月29日[24]（阻止卡爾文森號航空母艦靠港事件）（但本判決雖然參考砂川事件最高法院大法庭判決、安保6月4日仙臺高等法院事件最高法院大法庭判決等，並未使用「極其」的用語）、那霸地方法院判決平成2年5月29日[25]（那霸市軍用地訴訟）、東京地方法院判決昭和40年8月9日[26]（全國學生聯盟6月15日國會侵入事件）、東京地方法院判決昭和38年3月28日[27]（砂川基地徵用事件）、東京地方法院判決昭和38年3月28日[28]（砂川土地徵用職務執行命令訴訟）、大阪地方法院判決昭和37年5月31日[29]等。

此外，關於「相關的駐留軍用地特別措施法」的本條等的適合性，「沖繩縣知事簽署等代理職務執行命令訴訟最高法院大法庭判決」[30]指出，「既然日美安全保障條約以及《日美地位協

---

[21] 《最高裁判所刑事判例集》第23卷第5號，頁685。
[22] 《最高裁判所裁判集刑事》第149號，頁517。
[23] 《判例タイムズ》第214號，頁249。
[24] 《刑事手續法規に關する通達・質疑応答集》第263號，頁1062。
[25] 《行政事件裁判例集》第41卷第5號，頁947。
[26] 《下級裁判所刑事裁判例集》第7卷第8號，頁1603。
[27] 《行政事件裁判例集》第14卷第3號，頁562。
[28] 《判例タイムズ》第144號，頁73。
[29] 《行政事件裁判例集》第13卷第5號，頁954。
[30] 日本最高法院大法庭判決平成8年8月28日《最高裁判所民事判例集》第50卷第7號，頁1952。

肆、戰爭的放棄與戰力及交戰權的否認（《日本國憲法》第9條）　039

定》的違憲無效並非乍看之下極其明白」，「在此為合憲的前提下」應該進行審查，既然「所論已明白表示並非主張日美安全保障條約以及《日美地位協定》的違憲」，判決表示「駐留軍用地特別措施法，無法說是違反憲法前文、第9條、第13條、第29條第3項」。原審判決亦指出，既然無法判斷《美日安保條約》及地位協定違憲無效，將此視為是「實施上受到制定的特別措施法無法說是違憲」[31]。

4、關於「國家的自衛權是否必須以軍事力量作為前提？」的判例

判例對本條的解釋是，並未否定自衛權。在「砂川事件最高法院」，關於「自衛權」，表示「我國作為主權國家擁有固有的自衛權未受到任何的否定」，指出「我國，在維持本國的和平與安全，維護其存在成立的目的下，可採取必要的自衛措施，作為國家固有的權能行使乃是理所當然」。進一步指出「若是維持我國和平與安全目的的安全保障，『只要是達成上述目的適當的方式或者手段，隨時因應國際情勢的實際情況可選擇被認為適當者』」[32]。青井未帆指出[33]：

> 本判決關於「維持我國的和平與安全目的的安全保障」此種的「達成此目的適合的方式或者手段」，是否意味著軍事力量？此種的立場未必明快。此外該事件第1審判決

---

[31] 日本福岡高等法院那霸支部判決評審8年3月25日《下級裁判所民事裁判例集》第50卷第7號，頁2157。
[32] 日本最高法院大法庭判決昭和34年12月16日《最高裁判所刑事判例集》第13卷第13號，頁3225。
[33] 青井未帆，〈第9条〉，戶松秀典＝今井功編著，《論点体系 判例憲法 1：裁判に憲法を活かすために》，頁35-36。

指出，本條「並未否定自衛權」，而是「侵略戰爭無須討論，亦不允許使用在自衛目的的戰力的戰爭以及自衛目的戰力的保持」[34]。其後的下級審判例，關於此點，可找到兩種的立場。

第一種立場是，否定自衛權直接與軍事力連結。主要的案例是所謂的長沼力士型飛彈基地事件的第1審判決[35]。本案乃是在北海道夕張郡長沼町建設航空自衛隊力士型飛彈基地時，受到防衛廳的要求的農林水產大臣根據《森林法》第26條第2項，與進行解除該防衛廳的國有保安林的指定處分，對此，區域住民，主張本條既然存在，在自衛隊的基地建設上不存在該項的「公益上的理由」，要求取消該處分的事件。札幌地方法院參照砂川事件最高法院大法庭的判決，指出「我國，作為獨立的主權國家，不應該解釋為甚至連其固有的自衛權本身亦放棄，此乃是理所當然」，判決此「並非必須是與軍事力的自衛直接連結」。

第二種立場是，將自衛權直接連結於行使自衛權目的的防衛措施組織。百里基地訴訟第1審，關於作為本條的解釋的基本見解，判決「我國，遭受從外部而來的武力攻擊時，在自衛目的的必要限度內，對此阻止與排除的目的下行使自衛權以及在行使上述自衛權的目的下預先組織與整備有效適切的防衛措施，應謂。並不違反憲法前文、第9條」[36]。

---

[34] 日本東京地方法院判決昭和34年3月30日《下級裁判所刑事裁判例集》第13卷第13號，頁3305。

[35] 日本札幌地方法院判決昭和48年9月7日《下級裁判所民事裁判例集》第36卷第9號，頁1791。

[36] 日本水戶地方法院判決昭和52年2月17日《下級裁判所民事裁判例集》第43卷第6號，頁506。

同樣的見解，在波斯灣危機時，「波斯灣合作會議所設置的波斯灣和平基金的支出九十億美金的停止等受到請求的事件」的大阪地方法院判決[37]中亦受到表示。亦即，「無法解釋為，對於我國從外部的非法侵害防衛本國目的以實力對此阻止、排除的機能已受到放棄；又，因此憲法第九條第二項，進行侵略戰爭目的的軍備乃至於戰力，亦即，『企圖侵略，具有客觀上受到承認其準備行為的實體的軍備乃至於戰力的保持以加以禁止，即使此乃明確』，但在『自衛權行使的目的上事先組織、編組、準備有效適當正確的防衛措施已受到禁止，難以突兀地做此解釋』」。

5、關於「日本自衛隊是否符合本條第2項所謂的『戰力』？」的判例

日本自衛隊是否符合本條第二項所謂的戰力？在裁判過程中進行爭議並不容易。過去早在「昭和二十六年設置的警察預備隊」主張違反本條，直接向最高法院要求「無效確認的警察預備隊違憲訴訟最高法院大法庭判決」般地，訴訟「以不適法作為理由受到駁回」的案例亦多。青井未帆指出[38]：

> 法院對於實體判斷乃是消極，前述砂川事件最高法院大法庭的判決，對於本（筆者註：自衛隊是否符合本條第二項的）論點，指出「該條第2項是否禁止所謂自衛目的的戰力暫且不論」，並未做出正面的回答。

例外的是，關於本論點（筆者註：自衛隊是否符合本條第2項

---

[37] 日本大阪地方法院判決平成8年3月27日《判例タイムズ》第927號，頁94。
[38] 青井未帆，〈第9条〉，戶松秀典＝今井功編著，《論点体系　判例憲法　1：裁判に憲法を活かすために》，頁36-37。

的）積極進行憲法適合性判斷，做出違憲判斷的案例有，如上所述的長沼力士型飛彈基地的訴訟第一審判決[39]。「日本國民（中間省略）全世界先驅在憲法上放棄一切的軍事力，將永久和平主義作為國家的基本方針加以決定成立」。從自衛隊的編組、規模、裝備、能力的觀點觀察，自衛隊乃是「針對外敵以實力的戰鬥行為作為目的人力物力手段的組織體」，明白地受到承認，「判斷乃是違憲」，又上述「自衛隊的相關規定的舊《防衛廳設置法》以及《自衛隊法》，及其他與此有關的法規皆為違憲」。青井未帆指出[40]：

> 該事件的控訴審判決[41]，關於原審原告的一部分欠缺原告適格，又即使針對具有原告適格者，渠生命、身體的安全受到侵害的不利益，「以至於受到洪水防止設施的填補與代替」，「本案解除處分爭議具體的利益已喪失」，雖然將訴訟判決不適法，但有鑑於第1審判決的判斷等，關於自衛隊等的憲法適合性持續進行敘述。又前述苫米地事件最高法院大法庭判決明白表示地進行參照，同時使用變形的統治行為理論，迴避憲法判斷。即所謂根據舊《防衛廳設置法》以及《自衛隊法》的制定並根據上述兩項法律自衛隊的設置與運作營運等，係指「關於統治事項的行為，只要不是被承認為乍見之下極其明白違憲、違法，則非司法審查的對象」。本條第2項，不「可解釋為一義性地明確規定」，又其組織與編組等由於「無法說是乍看之下極

---

[39] 前述日本昭和48年札幌地方法院判決。
[40] 青井未帆，〈第9条〉，戶松秀典＝今井功編著，《論点体系　判例憲法　1：裁判に憲法を活かすために》，頁37。
[41] 日本札幌高等法院判決昭和51年8月5日《下級裁判所民事裁判例集》第36卷第9號，頁1890。

其明白地侵略性」,「作為國會及內閣的政治行為終極性地應該委任全體國民的政治批判,應該解釋為此並非法院應該判斷的對象」。此外本案的上告審判決,僅僅支持原判決的「訴訟利益」相關的判決表示部分,完全未深入進行自衛隊等的憲法適合性判斷[42]。

使用與「長沼力士型飛彈基地事件控訴審判決」相同的「統治行為理論」的案例是,前述「百里基地訴訟」第一審判決亦指出,「昭和三十三年當時的自衛隊,符合(中間省略)憲法第九條第二項中所謂的『戰力』,即執行侵略戰爭能力具備的人力物力組織體,但無法斷定為乍見之下明白」,因此舊《防衛廳設置法》並當時的日本的《自衛隊法》,「是否違反憲法前文、第九條的判斷,乃是關於『統治行為』的判斷,無法成為法院的司法審查對象」。此外,該事件控訴審判決[43]與該事件上告審判決[44],基本上並未深入進入憲法判斷。青井未帆指出[45]:

> 關於本(筆者註:自衛隊是否符合本條第二項的)論點,根據法律解釋迴避憲法判斷的案例有,在演習射擊作戰地點等的聯絡用電話線,在幾個地方加以切斷,以《自衛隊法》第121條違反受到問責而受到起訴的事件中,藉由該法的解釋,以被告人不符合構成要件下,判決無罪的札幌

---

[42] 日本最高法院小法庭判決昭和57年9月9日《最高裁判所民事判例集》第36卷第9號,頁1679。
[43] 日本東京高等法院判決昭和56年7月7日《下級裁判所民事裁判例集》第43卷第6號,頁590。
[44] 日本最高法院第三小法庭判決平成元年6月20日《最高裁判所民事判例集》第43卷第6號,頁385。
[45] 青井未帆,〈第9條〉,戶松秀典=今井功編著,《論点体系 判例憲法 1:裁判に憲法を活かすために》,頁38。

地方法院判決昭和42年3月29日[46]（惠庭事件）。此外，前述的百里基地訴訟控訴審判決[47]，所謂該事件的問題是，自衛隊的存在會威脅到社會的存在成立、發展般地反社會性，此種社會一般認識是否受到確立，因此，法院關於本條的各項見解，指出「關於上述的見解是否為妥當的解釋？無特別為此做出決定的必要。」

以「不適法作為理由受到駁回」的判例有，自衛隊違反本條第二項違憲等的理由，軍備不保持義務的確認或者軍備費不使用義務的確認等受到要求，關於此種所謂「戰爭公害訴訟」，「並非關於具體的權利義務的爭訟」而受到判決[48]。

6、關於「日本自衛隊基地建設使用的土地購買行為是否違反本條？」的判例

關於此論點的事件有百里基地訴訟[49]。此乃是茨城縣的航空自衛隊基地用地購買相關的民事事件。擁有建設預定地內土地的X，與反對基地建設派的Y之間締結本案土地的買賣契約時，買賣金額的一部分不履行，X對Y以債務不履行作為理由解除買賣契約，將本案土地賣給國家。再者，X以及國家成為原告，以Y等人作為對象，提起要求確認本案土地的所有權、塗銷所有

---

[46] 《下級裁判所刑事裁判例集》第9卷第3號，頁359。
[47] 前述昭和50年東京高等法院判決。
[48] 日本最高法院第三小法庭判決昭和52年4月19日《稅務訴訟資料》第94號，頁138；原審是名古屋高等法院判決昭和50年7月16日《判例時報》第791號，頁71；原原審則是名古屋地方法院判決昭和49年10月3日《判例タイムズ》第320號，頁237。
[49] 日本水戶地方法院判決昭和52年5月27日《下級裁判所民事裁判例集》第43卷第6號，頁506；東京高等法院判決昭和56年7月7日《下級裁判所民事裁判例集》第43卷第6號，頁590；最高法院第三小法庭判決平成元年6月20日《最高裁判所民事判例集》第43卷第6號，頁385。

權移轉假登記等的訴訟，對此，Y提出反訴請求等。青井未帆指出[50]：

> 關於本條的主要爭論點是，（1）國家本案土地取得買賣契約，符合第98條第1項的「關於國務的其他行為」，是否違反本條無效？（2）本條是否可否定私法上的行為效力？（3）本案土地買賣契約解除的意思表示以及國家與X之間的本案土地買賣契約的締結是否違反《民法》第90條的公序良俗而無效？

關於「國家本案土地取得買賣契約，符合第九十八條第一項的『關於國務的其他行為』，是否違反本條無效？」青井未帆指出[51]：

> 第1審、控訴審、上告審皆以同樣的理由否定。若以上告審判決作為例子如下：「『關於國務的其他行為』係指，與在該條項受到列舉的法律、命令、詔敕具有同一性質的國家行為，換言之，意味著行使公權力訂立法規範的國家行為，（中間省略）即使是國家的行為，在與私人對等的立場所進行的國家行為，（中間省略）應該解釋為不符合憲法第98條第1項所謂的『關於國務的其他行為』」。

關於「本條是否可否定私法上的行為效力？」青井未帆指

---

[50] 青井未帆，〈第9条〉，戶松秀典＝今井功編著，《論点体系 判例憲法 1：裁判に憲法を活かすために》，頁39。
[51] 青井未帆，〈第9条〉，戶松秀典＝今井功編著，《論点体系 判例憲法 1：裁判に憲法を活かすために》，頁39。

出[52]：

> 第1審指出，「憲法第9條，並未直接規律與此不同法域的私法上的行為，並非決定其效力，乃是明顯」，控訴審參照三菱樹脂事件最高法院大法庭判決[53]，指出「關於傳統的自由權或者平等權，只要不存在特別的背景因素，不直接適用在私人間的法律關係上，然而，透過作為私人自治限制規定的《民法》第1條或者第90條等的一般條款，其根據憲法的人權規定受到解釋，不過是間接地加以適用，在此受到解釋與適用的是，畢竟是私法的規定本身，而非憲法的條規本身，此種解釋乃是相當」。上告審判決雖亦是同樣，但關於「特別的背景因素」，則詳細指出「行政活動上必要的物品進行調度的契約，公共設施上必要的土地取得或者國有財產銷售目的的契約般地，國家並非行政的主體，而是站在與私人對等的立場，在與私人之間個別締結私法上的契約，該契約在其成立經緯及內容上從實質觀之可說與公權力發動的行為並無二致」。

關於「本案土地買賣契約解除的意思表示以及國家與X之間的本案土地買賣契約的締結是否違反《民法》第九十條的公序良俗而無效？」青井未帆指出[54]：

---

[52] 青井未帆，〈第9条〉，戶松秀典＝今井功編著，《論点体系　判例憲法　1：裁判に憲法を活かすために》，頁39-40。
[53] 日本最高法院大法庭判決昭和48年12月12日《最高裁判所民事判例集》第27卷第11號，頁1536。
[54] 青井未帆，〈第9条〉，戶松秀典＝今井功編著，《論点体系　判例憲法　1：裁判に憲法を活かすために》，頁40。

再者，關於（1）的論點，第1審判決，自衛隊違反憲法無法說是乍看之下極其明白，前文所謂的「和平生存的權利」，從「其內容乃是抽象，無法承認是具體、個別受到定立的裁判規範」觀察，前述本案各個法律行為乃是違反公序良俗的主張加以駁回。控訴審判決如上所述，迴避關於憲法實體判斷後，所謂自衛隊乃是反社會性，由於「至少作為社會一般性的認識無法說是已受到確立」，因此基地設置目的下的土地買賣契約，判決並不違反公共秩序。上告審判決亦與控訴審判決根據同樣的理由，指出「在私法的價值秩序下，社會上不受容許的反社會行為的認識，是否作為社會一般觀念已確立？將成為判斷私法上的行為效力有無的基準」，判決本案買賣契約「無法說是否定作為私法上契約的效力的行為」。此外，上告人等所主張的和平主義乃至於和平生存權所謂的和平，判決指出「理念乃至於目的的抽象概念，由於離開憲法第9條，與此不同，並未形成《民法》第90條所謂的『公共秩序』內容的一部分，因此無法成為私法上行為效力的判斷基準」。

此外，最高法院關於關於「本條是否可否定私法上的行為效力？」的判決表示，青井未帆指出[55]：

> 伊藤正己法官補充意見指出，「國家的行為，即使其乃是私法上的行為，至少當直接以一定行政目的的達成作為目的時，（中間省略）以私法上的行為作為理由被認為有可能無法免除憲法上的拘束的情形」。如同該法官所指出，被

---

[55] 青井未帆，〈第9条〉，戶松秀典＝今井功編著，《論点体系 判例憲法 1：裁判に憲法を活かすために》，頁40-41。

解釋為私法行為的地方公共團體的地鎮祭等時的公共資金支出，成為憲法適合性判斷的對象，即使是在最高法院判例亦成為前提[56]。此外，政府關於防衛裝備品調度，大陸間導彈飛彈般地僅僅在性能上專門作為針對對手國國土進行毀滅性破壞目的受到使用的「攻擊性兵器」，超過在自衛目的下必要最小限度範圍而不受到許可[57]等，起因於憲法有其界限而受到解釋。有鑑於此，反倒是百里基地訴訟最高法院第三小法庭判決，在迴避自衛隊憲法適合性判斷的目的下，可評價為強調私法上的行為此種層面已存在。

7、關於「日本自衛隊海外派遣行為是否違反本條？」的判例

伴隨著東西冷戰結束後相關的國際政治環境激烈的變化，關於自衛隊的狀況發生極大變化。「有助於國際社會的和平及安全的維持活動」已成為自衛隊本來的任務[58]；今日，本條的裁判案例，關於本論點的案例相當多。作為訴訟形式主要是，「停止請求訴訟」、「違憲確認請求訴訟」、「國家賠償請求訴訟」受到使用。法院，關於本論點，對於「實體的憲法判斷採取消極的態度」。因此，截至目前，「政府解釋」對於自衛隊活動範圍的界限進行劃界。

過去受到爭議的自衛隊的國際和平活動有，「自衛隊掃雷艇的波斯灣派遣」[59]、「波斯灣戰爭時波斯灣和平基金的九十億美

---

[56] 日本最高法院大法庭判決昭和52年7月13日《最高裁判所民事判例集》第31卷第4號，頁533。
[57] 日本昭和53年2月14日眾議院預算委員會提出政府見解。
[58] 日本《自衛隊法》第3條第2項第2號（平成18年法律第118號）。
[59] 日本大阪地方法院判決平成7年10月25日《訟務月報》第42卷第11號，頁2653。

元支出」[60]、「協助聯合國和平維持活動目的下日本所進行的對柬埔寨自衛隊派遣」[61]、「根據《伊拉克特別措施法》的自衛隊伊拉克派遣」[62]等。青井未帆指出[63]：

> 以上所舉出的前述平成17年甲府地方法院判決，將伊拉克派遣停止訴訟以及違憲確認訴訟的實質，判斷為「單純根據國民來自於市民一般的地位，應該是要求本案派遣的停止以及其違憲的確認」，由於符合民眾訴訟（《行政事件訴訟法》第5條），作為民事訴訟乃是不適法，類似上述訴訟的訴訟在現行法上由於未受到承認，因此做出的判斷是，即使是行政訴訟亦不適法[64]。此外，自衛隊掃雷艇派遣行為作為違憲受到提起的抗告訴訟，判斷不適法的裁判案例有，前述平成7年的大阪地方法院判決。

在前述所舉出的「九十億美金支出停止等請求事件」中，大阪地方法院判決，「駁回」訴訟，關於本條亦做出以下的「憲法實體判斷」。自衛隊掃雷艇部隊的派遣，「伊拉克丟棄的地雷的除去與處理，亦即，危險物的除去與處理作為目的，並非武力行使作為目的」，關於波斯灣戰爭時針對多國籍軍隊的九十億美

---

[60] 日本大阪地方法院判決平成8年3月27日《判例タイムズ》第927號，頁94。
[61] 日本大阪地方法院判決平成8年5月20日（關西PKO訴訟）《訟務月報》第44卷第2號，頁125；東京地方法院判決平成9年3月12日《判例時報》第1619號，頁45。
[62] 日本甲府地方法院判決平成17年10月25日《判例タイムズ》第1194號，頁117；名古屋地方法院判決平成19年3月23日《判例時報》第1997號，頁93；名古屋高等法院判決平成20年4月17日《判例タイムズ》第1313號，頁137；以及其原審判決的名古屋地方法院判決平成18年4月14日平成16年（ワ）659號等公刊物未登載；岡山地方法院判決平成21年2月24日《判例時報》第2046號，頁124。
[63] 青井未帆，〈第9條〉，戶松秀典＝今井功編著，《論点体系　判例憲法　1：裁判に憲法を活かすために》，頁42。
[64] 前述的平成20年名古屋高等法院判決亦同。

元的財政支持與援助,判決「在解釋上亦不符合」本條所禁止的「武力的威嚇以及武力的行使」。青井未帆指出[65]:

> 相同的訴訟本身,在駁回下做出憲法適合性判斷的案例有,前述的平成20年名古屋高等法院判決,將自衛隊伊拉克派遣判決違憲。該判決,詳細檢討伊拉克的狀況以及航空自衛隊的空運活動的內容,認定巴格達「應該說是正是國際武力爭端的一環受到進行的殺傷人類或者破壞物品的行為現在正在受到進行的區域,符合《伊拉克特別措施法》中所謂的『戰鬥區域』」。再加上,作為「安全確保支持援助活動」受到實施的空運活動,乃是「進行對多國籍軍隊的戰鬥行為而言必要不可或缺的軍事上的後方支持援助」,關於「至少將多國籍軍隊的武裝士兵人員空運到巴格達」,判決乃是「與他國的武力行使一體化的行動,不得不接受自己亦已進行武力行使的評價的行動」。要言之,「站在與政府相同的憲法解釋,即使是在將《伊拉克特別措施法》視為合憲的情形下」,判斷自衛隊伊拉克派權違反本條第1項。此種判斷方法作為自衛隊的國際和平協力活動的合憲性統制手法而受到矚目。

8、關於「本條是否成為人權保障的根據規定?」的判例

本條作為人權保障的根據規定亦受到主張,但判例基本上皆做消極性的解釋。在「與和平生存權之關係(參照前文)」方面,與本條的關聯為中心,概觀關於和平生存權的裁判案例。在具體的事案上,關於和平生存權,在法律上受到保護的具體

---

[65] 青井未帆,〈第9条〉,戶松秀典=今井功編著,《論点体系 判例憲法 1:裁判に憲法を活かすために》,頁42。

權利性受到承認的案例,過去皆未存在。然而,根據案例,違反本條的國家行為等具體權利性受到承認的情形存在的判斷,最近在下級審裁判案例中受到表示,而受到矚目。青井未帆指出[66]:

> 具體的權利性受到否定的裁判案例有,自衛隊掃雷艇派遣至波斯灣旨趣的內閣會議決定以及內閣總理大臣等的指揮命令,侵害前文及本條對於國民所保障的和平生存權,又,破壞以本條為中心的憲法秩序,因此主張此所保障的原告等的權利乃至於法律上的利益受到侵害的案例[67];關於根據《伊拉克特別措施法》自衛隊的伊拉克派遣,以前文作為根據的「和平生存權」、前文與其第13條作為根據的「和平追求權」、以前文以及本條作為根據的「不戰爭或者不行使武力在日本生存的權利」的違反受到主張的案例[68];又,以前文、本條、第13條作為根據的和平生存權違反,請求自衛隊飛機的起飛降落等的停止以及損害賠償請求的案例[69]等存在。

關於具體權利性受到承認的裁判案例,青井未帆指出[70]:

---

[66] 青井未帆,〈第9条〉,戶松秀典=今井功編著,《論点体系 判例憲法 1:裁判に憲法を活かすために》,頁43。
[67] 日本最高法院第二小法庭判決平成10年11月20日平成10年(行ツ)第143號公刊物未登載;原審判決的大阪最高法院判決平成10年2月3日平成7年(行コ)第69號公刊物未登載;原審判決的大阪地方法院判決平成7年10月25日《訟務月報》第42卷第11號,頁2653。
[68] 日本甲府地方法院判決平成17年10月25日《判例タイムズ》第1194號,頁117。
[69] 日本名古屋高等法院金澤分院判決平成6年12月26日《訟務月報》第42卷第1號,頁97(小松基地噪音公害訴訟)。
[70] 青井未帆,〈第9条〉,戶松秀典=今井功編著,《論点体系 判例憲法 1:裁判に憲法を活かすために》,頁44。

名古屋高等法院平成20年4月17日[71]判決指出，多國籍軍隊的武裝士兵的空運活動乃是違憲的同時，關於和平生存權指出如下：此乃是「所有的基本人權的基礎，得以享有的基礎性質的權利」，憲法明文指出（前文）「和平當中生存的權利」，戰爭放棄與戰力不保持作為客觀制度加以保障（本條），再者從規定個別的基本人權（第3章），作為「憲法上的法權利」，「對於法院可以要求其保護與救濟，請求法強制措施的發動此種意涵的具體權利性有時受到肯定」。再者，作為上述的情形，則舉出當違反本條的國家行為導致個人的生命、自由受到侵害，或者有受到侵害的危機的情形，或者強制加重作為本條違反的國家行為的情形。理所當然地，關於該案例，本案的派遣並非是直接針對控訴人，無法說是具體權利受到侵害，不存在足以承認損害賠償的受侵害利益，而駁回請求。

此外，關於岡山地方法院平成二十一年二月二十四日判決[72]，青井未帆亦指出[73]：

> 關於和平生存權，「應該承認為具有法規範性、裁判規範性的國民基本人權（中間省略）所有基本人權的基礎性質的權利，憲法第9條可以視為是其制度規定、憲法第3章的各個條款則為其個別人權規定」。舉出具體上受到侵害時，有徵兵拒絕權、良心兵役拒絕權、軍事需要勞動拒絕權等的自由權性質的基本權受侵害的情形，指出作為

---

[71] 《判例タイムズ》第1313號，頁137。
[72] 《判例時報》第2046號，頁124。
[73] 青井未帆，〈第9條〉，戶松秀典＝今井功編著，《論点体系 判例憲法 1：裁判に憲法を活かすために》，頁43-44。

不法行為法的受侵害法益，具有適格性。此外，根據和平生存權的停止請求，指出「應該受到承認的情形並非絕對不可能」，要求禁止伊拉克派遣的本案停止請求，「必然地，防衛廳長官等的（中間省略）行政權的行使的取消變更或者是包含要求其發動的請求」之處，私人對於行政權的行使由於並未擁有民事上的給付請求權，而判斷為不適法。此外，關於本案的損害賠償請求，指出「本案派遣並非針對原告等人，並非因此原告等人直接被迫參與伊拉克戰爭，暴露在現實上其生命、身體的安全等受到侵害的危險」，因此，「原告等人所主張的精神上的痛苦，應該說是尚不具有應該受到和平生存權保護的受侵害法益性」。

關於「戰後補償救濟立法」方面，第二次世界大戰中所產生的人權問題，作為「救濟措施的立法義務」或者「法理根據」，將本條與前文、第十三條、第十四條、第十七條、第二十九條第一項與第三項、第九十八條第二項等「同時使用」，要求「國家賠償請求」的案例可見到。所有的裁判案例的判斷是，上述的條文「並未」在一個意義上規定應該講求立法措施的義務，或者是上述的條文「並未」發生應該講求立法措施的法理。青井未帆指出[74]：

作為要求法院救濟的案例有，對於作為BC級戰犯接受刑罰執行的朝鮮半島出生者的戰後補償[75]、從昭和15年到17年

---

[74] 青井未帆，〈第9条〉，戶松秀典＝今井功編著，《論点体系　判例憲法　1：裁判に憲法を活かすために》，頁44-45。
[75] 日本最高法院第一小法庭判決平成11年12月20日《訟務月報》第47卷第7號，頁1787；原審判決的東京高等法院判決平成10年7月13日《訟務月報》第45卷第10號，頁1803；原原審判決的東京地方法院判決平成8年9月9日《訟務月報》第44

的舊日本軍731部隊以及1644部隊等將細菌武器作為實戰使用的結果，多數者死亡的事件[76]、昭和7年舊日本軍在當時的中華民國無差別虐殺居民的事件（平頂山事件）[77]、第二次世界大戰期間，根據國家遷入中國人勞工的方針，在違反其意志下強制遷入日本，在企業的事務所中在嚴苛的工作條件下強制勞動的案件[78]、第二次世界大戰期間，受到舊日本軍士兵等強制綁架與監禁持續的暴行受到強姦的中國人女性等，並未講求受害者救濟立法的案件[79]等。

關於納稅者對於國家，根據符合憲法，要求國家徵收與使用租稅的權利（「納稅者基本權」）受到主張或者由於違反本條對國家行為的支出，強制徵收所得稅，乃是違反思想良心的自由，而受到爭議的案例存在。青井未帆指出[80]：

關於納稅者基本權，法院否定作為受侵害利益的法益性[81]。再者，關於思想良心的自由，根據《國稅徵收法》

卷第4號，頁462。
[76] 日本東京高等法院判決平成27年7月19日《訟務月報》第53卷第1號，頁138。
[77] 日本東京高等法院判決平成17年5月13日《訟務月報》第53卷第1號，頁75；原審判決的東京地方法院判決平成14年6月28日《訟務月報》第49卷第11號，頁3015。
[78] 日本東京地方法院判決平成15年3月11日《訟務月報》第50卷第2號，頁439。
[79] 日本最高法院第一小法庭判決平成19年4月27日《訟務月報》第54卷第7號，頁1511；原審判決的東京高等法院判決平成17年3月18日《訟務月報》第51卷第11號，頁2858；原原審判決的東京地方法院判決平成14年3月29日《判例時報》第1804號，頁50。東京高等法院判決平成16年12月15日《訟務月報》第51卷第11號，頁2813；原審判決的東京地方法院判決平成13年5月30日《判例タイムズ》第1138號，頁167。廣島高等法院判決平成13年3月29日《訟務月報》第49卷第4號，頁1101（關釜前慰安婦訴訟）。靜岡地方法院判決平成12年1月27日《判例タイムズ》第1067號，頁173。
[80] 青井未帆，〈第9條〉，戶松秀典＝今井功編著，《論点体系 判例憲法 1：裁判に憲法を活かすために》，頁45。
[81] 日本東京高等法院判決平成3年9月17日《判例タイムズ》第771號，頁116；原審判決的東京地方法院判決昭和63年6月13日《判例タイムズ》第681號，頁133。

的所得稅的徵收,由於對於國民的政治信條中立地受到進行,判決表示不成為侵害[82]。

關於本條,在針對內閣總理大臣等的靖國神社參拜的損害賠償等請求訴訟上,亦作為人權保障的根據規定而受到主張,青井未帆指出[83]:

> 針對上述的主張,法院給予駁回[84]。從前文、本條所導引出的和平生存權,以及前文第2段、本條、第13條及第19條所要求的「環繞針對和平思考的權利、自由」受到主張的案例有,千葉地方法院平成16年11月25日判決[85]、東京地方法院平成17年4月26日判決[86]。此外,參拜乃是「讓原告等人再次體驗與想起戰爭的受害,蹂躪原告等人祈求希望和平的思考」,侵害根據前文以及本條所保障的和平生存權而受到主張的福岡地方法院平成16年4月7日判決[87]。

關於死刑制度的違憲性,與其他的憲法條款(第十三條、第十四條、第三十六條),同時本條作為根據受到使用的案例可見到,青井未帆指出[88]:

此外,上告則受到駁回廢棄(最高法院第二小法庭判決平成5年10月24日平成4年(行ツ)第17號公刊物未登載。)
[82] 日本東京地方法院判決平成15年12月2日《稅務訴訟資料》第253號第9480順號。
[83] 青井未帆,〈第9条〉,戶松秀典=今井功編著,《論点体系 判例憲法 1:裁判に憲法を活かすために》,頁45-46。
[84] 參照《日本國憲法》第20條第3項。
[85] 《訟務月報》第52卷第9號,頁2801。
[86] 《訟務月報》第52卷第9號,頁2895。
[87] 《訟務月報》第51卷第2號,頁412。此外,本判決指出,關於和平生存權,否定具體的權利性,正式的參拜違反第20條第3項。
[88] 青井未帆,〈第9条〉,戶松秀典=今井功編著,《論点体系 判例憲法 1:裁

即使對於此種的主張，法院做出消極解釋。判例有，最高法院大法庭昭和26年4月18日判決[89]、最高法院第二小法庭昭和33年6月27日判決[90]，以及最高法院第三小法庭平成2年4月17日判決[91]。

此外，其他相關立法與本條的關係，青井未帆指出[92]：

> 破壞活動防止法第39條、第40條的處罰煽動的規定，不違反本條、第19條、第21條第1項、第31條的判例[93]，以及規定任用期間兩年的《自衛隊法》第36條第1項的規定，不違反本條、第14條、第27條的下級審判例[94]存在。

判に憲法を活かすために》，頁46。
[89] 《最高裁判所刑事判例集》第5卷第5號，頁923。
[90] 《最高裁判所刑事判例集》第12卷第10號，頁2332。
[91] 《最高裁判所裁判集刑事》第254號，頁357。
[92] 青井未帆，〈第9条〉，戶松秀典＝今井功編著，《論点体系　判例憲法　1：裁判に憲法を活かすために》，頁46。
[93] 日本最高法院第二小法庭判決平成2年9月28日《最高裁判所刑事判例集》第44卷第6號，頁463（澀谷暴動事件）。
[94] 日本東京地方法院判決平成元年1月26日《行政事件裁判例集》第40卷第1=2號，頁36。

伍、國民的要件
　　（《日本國憲法》第10條）

一、條文

日本國民的要件由法律加以規定之。

二、關於本條條文的概要

工藤達朗指出[1]：

> 「國民」的概念雖呈現多義性，但本條的「日本國民」指的是，構成日本國的每個個人，所謂「日本國民的要件」係指，擁有作為日本國構成員的資格的要件。作為國家構成員的資格，由於是「國籍」，本條的規定是，日本國籍的取得與喪失相關事項由法律規定。此法律乃是《國籍法》。
>
> 此意涵的「國民」，並不止於國家統治的客體，由於亦是

---

[1] 工藤達朗，〈第10条〉，戶松秀典＝今井功編著，《論点体系　判例憲法　1：裁判に憲法を活かすために》，頁69。

「憲法上權利義務的主體」，因此本條乃是第三章「國民的權利與義務」最先的條款。

三、論點

1、關於「本條的旨趣為何？」的判例

工藤達朗指出[2]：

> 國籍，由於是享有憲法上一定權利的基礎，因此應該以法律加以規定，從第41條乃是理所當然。因為規定國會作為國家唯一立法機關的第41條，要求關於國民的權利義務的事項應該以國會議決的法律加以規定。最高法院[3]亦指出，「憲法第10條規定『日本國民的要件由法律加以規定之』，在此規定下，《國籍法》，規定關於日本國籍的取得與喪失的要件。憲法第10條的規定，由於國籍乃是作為國家構成員的資格，規定關於國籍的取得與喪失的要件時，有必要考慮到各自國家的歷史因素、傳統、政治上、社會上及經濟上的環境等，各種的主要因素，關於如何規定？在解釋上則是委託給立法機關的裁量判斷的旨趣」。

---

[2] 工藤達朗，〈第10条〉，戶松秀典＝今井功編著，《論点体系 判例憲法 1：裁判に憲法を活かすために》，頁70。
[3] 日本最高法院大法庭判決平成20年6月4日《最高裁判所民事判例集》第62卷第6號，頁1367（《國籍法》違憲判決）。

2、關於「本條為何規定國籍的取得與喪失相關的要件由法律加以規定？」的判例

工藤達朗指出[4]：

> 因此，關於國籍的取得與喪失，必須以「法律」加以規定，不可以「命令」加以規定。「本來，決定任何人擁有本國國籍的國民，乃是屬於國家的固有權限」[5]，「《國籍法》，並未規定伴隨著領土變更的國籍變更。同時，伴隨著領土的變更產生國籍的變更，此乃是毋庸置疑。關於此處的變更，在國際法上不存在確定的原則，通例乃是，在各種情況下根據條約做出明白表示或者默然表示的規定。因此，憲法上，關於伴隨領土變更的國籍變更承認由條約加以規定的旨趣，此種解釋乃是相當」[6]。1952（昭和27）年，在與日本國的和平條約（舊金山和平條約）第2條中，由於日本承認朝鮮的獨立，放棄應該屬於朝鮮的領土以及針對人的主權，因此所伴隨的是，上述的人們喪失日本國籍。與朝鮮人男性的婚姻的前內地人女性，由於在法律上已取得朝鮮人的法地位，因此根據和平條約喪失日本國籍[7]。關於與臺灣人男性結婚的前內地人女性的國籍，則可參照最高法院大法庭昭和37年12月5日判決[8]。

---

[4] 工藤達朗，〈第10条〉，戶松秀典＝今井功編著，《論点体系　判例憲法　1：裁判に憲法を活かすために》，頁70。
[5] 日本最高法院第二小法庭判決平成14年11月22日《最高裁判所裁判集民事》第208號，頁495。
[6] 日本最高法院大法庭判決昭和36年4月5日《最高裁判所民事判例集》第15卷第4號，頁657。
[7] 前述日本昭和36年最高法院大法庭判決。
[8] 《最高裁判所刑事判例集》第16卷第12號，頁1661。

3、關於「《國籍法》的國會立法裁量是否有界限?」的判例

工藤達朗指出[9]:

> 國籍立法受到憲法上的制約乃是理所當然。新《國籍法》[10],根據第22條第2項,廢除舊《國籍法》[11]的國籍脫離制約[12];再者,根據第24條,將夫妻同一國籍主義改為夫妻獨立國籍主義。此外,最高法院對於第14條第1項判決如下:「根據關於日本國籍取得的法律要件所產生的區別,當無合理理由的差別處理時,將會產生憲法第14條第1項違反的問題,無庸贅言。詳言之,即使考量到立法機關被賦予上述的裁量權,當進行上述區別的立法目的不被承認有合理根據時,或者其具體的區別與上述立法目的之間的合理關聯性不被承認時,該區別,作為無合理理由的差別,將被解釋為違反該項」[13]。因此,關於國籍立法的立法裁量亦有其憲法上的界限。

4、關於「本條的法性質為何?國籍立法是否有因著本條違反而無效?」的判例

本條乃是針對「國會」課處「立法義務」的規定。「國籍立

---

[9] 工藤達朗,〈第10条〉,戶松秀典=今井功編著,《論点体系 判例憲法 1:裁判に憲法を活かすために》,頁71。
[10] 昭和25年制定。
[11] 明治32年制定。
[12] 舊《國籍法》第24條。
[13] 日本最高法院大法庭判決平成20年6月4日《最高裁判所民事判例集》第62卷第6號,頁1367(《國籍法》違憲判決)。

法受到憲法上的制約」,已如前述,因此,國籍立法違反本條是否無效?工藤達朗指出[14]:

> 在父系優先血統主義違憲訴訟上,被告主張,由於本條關於日本國籍的取得喪失,已全面委託給國會的立法政策,因此關於《國籍法》的規定,不產生憲法問題。對此,第1審判決[15]如下:本條雖然僅規定國籍的取得與喪失由法律規定,但「國籍的取得與喪失,即作為國民的資格決定的問題,乃是關於國家構成的基本,本來應該以國家最上位法的憲法加以規定的事項。此外,即使國籍儘管並非國家與個人之間的各個權利義務的集合體般的事項,但並非不伴隨具體內容單純的抽象記號般的事項,因著國籍的有無,基本人權的保障直接受到左右亦有可能的意涵下,必然與個人的憲法利益有關,恣意的國籍取得與喪失的規定,將會導致本來應該可接受的上述基本人權保障而無法接受的事態發生,基本上,此被認為並非憲法所容許。從上述的觀點觀之,憲法第10條的前述規定,關於國籍的取得與喪失,並非任何基準皆可由法律自由規定,關於國籍的取得與喪失的事項乃是基於憲法事項的前提,而將其內容具體化委任給法律,上述立法加以具體化時,應該理解為要求的應該規定是,依照憲法各條款以及支撐上述條款的基本原理,並與此調和。」此是否為除憲法各條款之外,在本條違反下無效的旨趣?則不清楚。

---

[14] 工藤達朗,〈第10条〉,戶松秀典=今井功編著,《論点体系 判例憲法 1:裁判に憲法を活かすために》,頁71-72。

[15] 日本東京地方法院判決昭和56年3月30日《行政事件裁判例集》第33卷第6號,頁1374。

關於此點,只要本條不解釋為保障國民的權利(例如,國籍取得權)下,被認為難以思考為法律因本條違反而無效。

5、關於「本條否有保障國籍取得權?」的判例

在學說上過去承認作為憲法上的權利存在國籍取得權的見解,部分有力地受到主張。工藤達朗指出[16]:

> 在父系優先血統主義違憲訴訟中,原告雖然主張,對子女的生來國籍取得權,與對雙親的日本國籍繼承權,但第1審判決[17]指出,「如上所述違反憲法精神的國籍取得喪失的規定不受到允許,但是並非意味著,關於國籍的取得喪失,個人無需《國籍法》的規定理所當然地甚至擁有一定內容的具體權利。即使審視憲法前文及其他規定,難以承認作為日本人的雙親讓其子女繼承國籍,又,其子女取得雙親的日本國籍,作為各自的權利,由憲法直接保障應該做如此解釋的充分根據」,在控訴審判決[18],亦針對以前文[19]作為根據的生來國籍取得權的主張,指出「日本國民由雙親所出生的子女,根據前述的憲法前文,無法說是擁有生來即取得日本國籍的權利」,皆否定國籍取得權的存在。《國籍法》違憲訴訟最高法院判決,亦未涉及上述權利的存在。

---

[16] 工藤達朗,〈第10条〉,戶松秀典=今井功編著,《論点体系 判例憲法 1:裁判に憲法を活かすために》,頁72-73。

[17] 日本東京地方法院判決昭和56年3月30日《行政事件裁判例集》第33卷第6號,頁1374。

[18] 日本東京高等法院判決昭和57年6月23日《行政事件裁判例集》第33卷第6號,頁1367。

[19] 日本國民,(中間省略)為著我們與我們的子孫,(中間省略)確定此憲法。

6、關於因著日本國籍的存在與否對於權利的享有產生何種的差異？的判例

本條放在第三章上「國民的權利與義務」的起頭,與《大日本帝國憲法》第二章的起頭「日本臣民的要件根據法律的規定」（第十八條）乃是相同的體裁。然而,《大日本帝國憲法》的權利規定的保障僅達及於日本臣民而已；相對於此,日本國「憲法第三章的各項規定的基本人權保障,除在權利性質上僅以日本國民做為對象者外,應該解釋為居留在我國的外國人亦同等地達及,即使是針對政治活動的自由,除有鑑於對我國政治意志決定或者對其實施有所影響的活動等外國人的地位,承認此而被解釋為不相當者外,解釋其保障有達及,乃是相當」[20]。工藤達朗指出[21]：

> 判例上,「權利的性質上」不達及外國人的權利有,入國的自由、居留權（前述的馬克林事件）、再入國的自由[22]（森川凱撒琳事件）、國會議員的選舉權[23]、地方議會議員的選舉權[24]、公權力行使等地方公務員（管理職）的就任權[25]等。

---

[20] 日本最高法院大法庭判決昭和53年10月4日《最高裁判所民事判例集》第32卷第7號,頁1223。
[21] 工藤達朗,〈第10條〉,戶松秀典＝今井功編著,《論点体系　判例憲法　1：裁判に憲法を活かすために》,頁73-74。
[22] 日本最高法院第一小法庭判決平成4年11月16日《最高裁判所裁判集民事》第166號,頁575。
[23] 日本最高法院第二小法庭判決平成5年2月26日《判例タイムズ》第812號,頁166。
[24] 日本最高法院第三小法庭判決平成7年2月28日《最高裁判所民事判例集》第49卷第2號,頁639。
[25] 日本最高法院大法庭判決平成17年1月26日《最高裁判所民事判例集》第59卷第1號,頁128。

此外，在《國籍法》違憲訴訟[26]中，最高法院指出，「日本國籍，作為我國構成員的資格的同時，在我國享受基本人權的保障、公共資格的賦予、公共給付等之上，亦是具有意義的重要法地位」，或者，日本國籍的取得，「在我國享受基本人權保障等之上，具有重大意義」，該判決的田原睦夫法官的補充意見是，「根據是否可取得日本國籍，在教育或者社會保障的層面上，是否可享受其權利的觀點上，存在極大的差異」。

7、關於「《國籍法》[27]第2條第第1號採用父系優先血統主義，是否違反第14條第1項？」的判例

關於根據出生的國籍取得的立法上的原則，存在血統主義與出生地主義。日本的國籍立法，在明治三十二（一九〇〇）年的《國籍法》以來截至目前，一貫皆是以血統主義作為基本。昭和二十五（一九五〇）年的《國籍法》[28]，採用父系優先血統主義，子女在「出生時父親為日本國民時」（該法第二條第一號），承認日本國籍的取得。母親即使是日本人，當父親為外國人時，其子女則無法取得日本國籍。工藤達朗指出[29]：

> 原告，父親是美國人與母親是日本人的長女，出生在東京都，但根據《國籍法》第2條第1號，無法取得日本國籍，在另一方面，美國法的要件是，在國外與外國人之間出生的子女，在取得美國國籍的目的下，該美國人，在一定期

---

[26] 日本最高法院大法庭判決平成20年6月4日《最高裁判所民事判例集》第62卷第6號，頁1367。
[27] 昭和59年法律第45號改正前。
[28] 昭和59年法律45號改正前。
[29] 工藤達朗，〈第10条〉，戶松秀典＝今井功編著，《論点体系 判例憲法 1：裁判に憲法を活かすために》，頁74。

間內必須居住在美國,但父親由於未滿足上述居住要件,而無法取得美國國籍時,已成為無國籍者。因此,主張《國籍法》第2條第1號違憲,要求確認日本國籍而提起訴訟。

工藤達朗指出[30]:

第1審判決[31]指出,《國籍法》第2條第1號採用父系優先血統主義的主要目的是,防止重複國籍,國籍立法上,不容否定防止重複國籍的必要性,父系優先血統主義作為達成目的的手段雖然是必要且有用,但若參照兩性平等原則的意義與價值,作為將父母不平等處理加以正當化的根據並不充分。然而,《國籍法》由於父系優先血統主義,對於母親為日本人子女無法取得日本國籍者,設計簡易歸化的制度,只要伴隨合併此項制度,無法說是欠缺與立法目的之間的實質均衡,顯著不合理的差別,判決不違反第14條、第24條第2項。

工藤達朗指出[32]:

控訴審判決[33]指出,《國籍法》第2條第1號的「父親為日

---

[30] 工藤達朗,〈第10條〉,戶松秀典=今井功編著,《論点体系 判例憲法 1:裁判に憲法を活かすために》,頁74。
[31] 日本東京地方法院判決昭和56年3月30日《行政事件裁判例集》第33卷第6號,頁1374。
[32] 工藤達朗,〈第10條〉,戶松秀典=今井功編著,《論点体系 判例憲法 1:裁判に憲法を活かすために》,頁74-75。
[33] 日本東京高等法院判決昭和57年6月23日《行政事件裁判例集》第33卷第6號,頁1367。

本國民時」的規定存在並非違憲,「母親為日本國民時」的規定不存在乃是違憲,法院指出,並未被賦予將尚未存在的規定作為存在加以適用的權限。確實,法院,有時會藉由條理補足法的欠缺而受到許可的情形,但由於憲法並未指示作為賦予國籍的基準應該採取何種的主義,無論是出生地主義、雙親血統主義,父母雙系血統主義,採用何種的主義皆是立法者的自由。在上述情形,法院無法藉由條理的名義,採用特定的基準[34]以此作為實在的法加以適用,廢棄控訴。

其後,由於批准「針對女子所有型態差別廢除相關條約」[35],昭和五十九年,《國籍法》受到大幅度地改正[36]。該法第二條第一號,亦修改為「出生時父親或者母親為日本國民時」此種「父母雙系血統主義」。藉此,作為日本國民的母親的子女亦可取得日本國籍,但仍有可能出現「雙重國籍」。因此,新的第三條第一項規定,「父母的婚姻以及其認知取得作為嫡子身分的子女,在二十歲未滿者[37],已進行認知的父親或者母親在子女出生時已是日本國民時,其父親或者母親現在為日本國民時,或者其死亡時曾經是日本國民時,藉由向法務大臣提出申請,可取得日本國籍」。

---

[34] 父母雙系血統主義。
[35] 《女子差別廢除條約》。
[36] 隔年1月1日實施。
[37] 除已是日本國民者外。

8、關於「《國籍法》[38]第2條第第1號的適用上,否定認知的溯及效果,是否違反第14條第1項?」的判例

「出生時父親或者母親是日本國民時」(《國籍法》第二條第一號)中所謂的「父親或者母親」意味著法律上的「父親或者母親」,不包含事實上的「父親或者母親」。關於日本人父親與外國人母親之間所生的子女,出生後受到日本人父親的認知,已發生法律上的父子關係時,其子女溯及出生時是否取得日本國籍的問題。雖然《民法》第七八四條規定「認知,溯及出生時產生其效力」,但在國際法上,父親的出生後認知不具有溯及效果,其子女不取得日本國籍受到解釋。工藤達朗指出[39]:

> 最高法院指出,「在該法認知的溯及效果應該解釋為不受到承認,因此僅以出生後受到認知,無法說是子女出生時與父親之間存在著法律上的親子關係,受到認知的子女理所當然地不符合該法第2條第1號」[40]。[41]若是如此,嫡生子與非嫡生子之間關於日本國籍的取得將會產生不同的待遇。此是否違反第14條第1項?最高法院,關於第14條是否違反,應該藉由其區別是否基於合理的根據進行判斷,國籍「法第2條第1號,關於日本國籍的生來取得雖然採用父母雙系血統主義,但並非將單純人類生物學的來源顯示的血統加以絕對化,以子女出生時日本人的父親或者母親

---

[38] 昭和59年法律第45號改正後。
[39] 工藤達朗,〈第10条〉,戶松秀典=今井功編著,《論点体系 判例憲法 1:裁判に憲法を活かすために》,頁75-76。
[40] 日本最高法院第二小法庭判決平成9年10月17日《最高裁判所民事判例集》第51卷第9號,頁3925。
[41] 然而,此判決,在有特別的因素時,例外地,承認子女出生後藉由認知,子女出生後取得日本國籍。

以及法律上的親子關係存在,作為與我國有密切關係賦予國籍。再者,生來的國籍取得盡可能地在子女出生時期待確定地受到決定時,出生後是否受到認知在出生的時間點上由於並未確定,法第2條第1號,不承認藉由子女從日本人父親出生後受到認知,溯及出生時法律上的父子關係存在,不承認僅以出生後的認知,日本國籍的生來取得,應該說有其合理根據。」因此,判決「法第2條第1號並不違反憲法第14條第1項」[42]。

9、關於「《國籍法》[43]第3條第1項,是否違反第14條第1項?」的判例

根據昭和五十九(一九八四)年的改正,《國籍法》第二條第一號改為「出生時父親或者母親是日本國民時」的同時,《國籍法》第三條第一項受到規定。因此,日本人父親與外國人母親之間的非嫡生子,父親在身後認知其子女時,《國籍法》上認知的溯及效果不受到承認,因此雖然子女出生取得日本國籍不受承認,但由於父母的婚姻已取得嫡生子的身分的準正式子女,藉由申請可取得日本國籍,對此,非準正式子女[44],根據申請取得國籍則不受到承認。上述的區別是否不違反第十四條第一項,成為問題。工藤達朗指出[45]:

> 《國籍法》違憲判決[46],作為第14條第1項違反的判斷基

---

[42] 日本最高法院第二小法庭判決平成14年11月22日《最高裁判所裁判集民事》第208號,頁495。
[43] 昭和59年法律第45號改正後,平成20年法律88號改正前。
[44] 父母並未在法律上有婚姻關係的非嫡生子。
[45] 工藤達朗,〈第10條〉,戶松秀典=今井功編著,《論点体系 判例憲法 1:裁判に憲法を活かすために》,頁77。
[46] 日本最高法院大法庭判決平成20年6月4日《最高裁判所民事判例集》第62卷第6

準,……指出「日本國籍,乃是作為我國構成員的資格的同時,在我國接受基本人權的保障、公共資格的賦予、公共給付等上,具有意義的重要法地位。在一方面,根據父母的婚姻,是否取得嫡生子的身分,對子女而言,此乃是無法根據自己的意思以及努力可改變的與父母的身分行為有關的事項。因此,以上述事項,關於日本國籍取得的要件,使其產生區別,是否有合理的理由?有必要慎重檢討」。

如此一來,《國籍法》第三條第一項的「立法目的本身」有「合理根據」,其區別在該項制定當時,雖然「與立法目的之間存在一定的合理關聯性」,此「合理關聯性,因著我國內外的社會環境的變化等而喪失,「今日,《國籍法》第三條第一項的規定,關於日本國籍的取得,成為課處欠缺合理性的過剩要件」,判決違反第十四條第一項。然而,無法將該項整體宣布無效,無法否定準正式子女藉由申請的國籍取得。因此,「日本國民的父親與非日本國民的母親之間的出生,出生後受到父親認知的子女,除因著父母婚姻已取得嫡生子身分的部分的《國籍法》第三條第一項所規定的要件已受到滿足時,根據該項取得日本國籍則受到承認」,承認國籍的取得。

《國籍法》第三條第一項,根據平成二十年法律八十八號,沿用此判決的旨趣而受到改正。

號,頁1367。

陸、基本人權的享有
　　（《日本國憲法》第11條）

一、條文

國民，享有所有的基本人權不受到妨礙。此憲法所保障國民的基本人權，作為不可侵犯的永久權利，被賦予給現在以及將來的國民。

二、概要

戶松秀典指出[1]：

本條，關於基本人權的享有主體，以及基本人權保障的意義加以倡導。亦即，基本人權的享有主體，乃是國民，在《日本國憲法》下，國民關於任何的基本人權皆經常受到保障，將此表現為基本人權乃是「不可侵犯的永久權利」，或者人權的享有主體乃是「現在以及將來的國民」。如此一來，本條可視為是人權保障的總則性規定，

---

[1] 戶松秀典〈第11条〉，戶松秀典＝今井功編著，《論点体系　判例憲法　1：裁判に憲法を活かすために》，頁78。

並未從此導引出某種的具體權利與自由的保障。

關於一般基本人權的概要，在憲法第三章的標題「國民的權利以及義務」之下，從第十條到第四十條的規定，做出關於基本人權保障的規定。然而，以法律規定作為國民要件的規定（第十條），三個義務，詳言之，使其接受教育的義務（第二十六條）、勤勞的義務（第二十七條）、以及納稅的義務（第三十條），雖然無法說是基本人權（以下簡稱為「人權」）的規定本身，與人權的實現以及民主制度國家的維持有密切關係者，在此受到倡導。戶松秀典指出[2]：

> 第3章整體，擁有保障基本人權目的作為總則的內容的第11條、第12條以及第13條下，源自近代國家人權宣言的人權原則以及權利與自由為首，成為現代國家出現的社會權亦納入，列舉出比較簡潔文句規定的內容。作為人權的類型，包括性的人權（第13條、第14條、第24條甚至包含第31條的見解存在）、精神自由（第19條、第20條、第21條、第23條）、經濟自由（第22條、第29條）、人身自由（第18條、第31條、第33條至第39條）、社會權（第25條至第28條）、國務請求權（第15條、第16條、第17條、第32條、第40條）則為其代表例子，但其他的類型化例子亦可見到。在上述的規定當中納入基於明治憲法時代體驗的反省以及告誡之意涵，做出並不僅止於簡潔規定的規定的條文亦存在（第20條、第31至第40條等）。此外，在今日，隱私的權利、環境權、知的權利乃至於資訊公開請求

---

[2] 戶松秀典〈第3章國民的權利及義務〉，戶松秀典＝今井功編著，《論点体系 判例憲法 1：裁判に憲法を活かすために》，頁47。

權、個人資訊的權利等,在傳統的權利與自由的概念已無法掌握的人權出現。

如上所述「人權保障規定」與時俱進產生「新的人權問題」必須加以對應處理,但不僅止於此,在「傳統的權利與自由的保護」中,「人權規定解釋上的努力」以及「朝向具體實現的法令制定受到要求」。藉由將上述的樣貌納入視野當中,得以把握基本人權保障的實際狀態,觀察反映其實際狀態的「判例動向」,具有重要的意義。

三、論點

關於基本人權保障的意義可由以下五個論點加以釐清。

1、針對「人權侵害主張違反第11條,具有何種意義?」的判例

第十一條如同條文概要所提示,與人權保障原則作為內容的總則性規定,被理解為並非規定具體的權利與自由。戶松秀典指出[3]:

> 因此在大多數的訴訟案例中,合併其他人權規定主張第11條違反,但法院,對此並未將焦點放在此條作出積極的對應。例如,西伯利亞拘留者,關於長期的拘留與強制勞動所受到的損害,針對國家根據第11條、第13條、第14條、第15條、第18條、第29條第3項以及第40條請求補償的訴

---

[3] 戶松秀典〈第3章國民的權利及義務〉,戶松秀典=今井功編著,《論点体系 判例憲法 1:裁判に憲法を活かすために》,頁48-49。

訟雖然存在，對此最高法院並未作出關於第11條的個別判斷，駁回請求[4]。然而，在初期時的判例，針對規定加重逃走罪的刑罰第98條、第102條，侵犯囚犯要求從拘束脫離的天賦人權主張違反第11條的事件，存在對此加以排斥的判決[5]。然而，憲法若有理由，承認嫌疑犯可受到拘禁受到拘留，同時在處罰犯罪的情形下，承認給予犯人加上肉體上的拘束（第31條、第34條），所主張尚未受到判決或者已經判決的犯人由於要免除拘禁痛苦的衝動而逃走，並非恢復憲法所保障自由的行為，如所判決表示般地，完全未檢討第11條的意義下，此可視為是表示違憲主張乃是不適當。

戶松秀典指出[6]：

在下級審判例中，第11條、第13條、第22條第1項、第25條、第26條、第27條第1項、第29條第3項，並未受到解釋為，得以請求應該講求已歸國的中國殘留日本人主張的自立支持援助政策的權利，作為承認國民的規定，由於未被解釋為規定國家應該講求自立支持援助政策的規定，因此判決表示無法說是國會議員有違反《國家賠償法》的判例[7]；關於用獵槍進行路過殺人事件，由於國家與公共團體，對於國民各個個人，並非無條件地背負應該擁護其生

---

[4] 日本最高法院第一小法庭判決平成9年3月13日《最高裁判所民事判例集》第51卷第3號，頁1233。
[5] 日本最高法院大法庭判決昭和26年7月11日《最高裁判所刑事判例集》第5卷第8號，頁1419。
[6] 戶松秀典〈第3章國民的權利及義務〉，戶松秀典＝今井功編著，《論点体系　判例憲法　1：裁判に憲法を活かすために》，頁49。
[7] 日本東京高等法院判決平成19年6月21日《訟務月報》第53卷第11號，頁2995。

命、身體等基本人權免於所有犯罪行為的義務，因此判決表示遺族無法以第13條以及警察法第2條第1項作為根據請求損害賠償的判例[8]存在。特別是後者，提示出「《日本國憲法》第11條、第13條，乃是規定（中間省略）基本人權保障相關的基本原則，並非訂立國民針對國家或者公共團體的具體請求權」。

由上可知，第十一條違反的主張可說是無法直接導引出關於人權保護的具體判斷。

2、針對「外國人是否為人權的享有主體？作為人權的享有主體，外國人是否有與日本國民相同的人權保障？」的判例

「人權保障享有的主體」乃是日本人，以第十一條或者第十二條為首的人權保障規定的各處，明顯地是以「國民」作為對象加以規定。然而，無法因此立刻即說外國人無法享有「《日本國憲法》的人權保障」，在判例中，對此論點的回答並不單純。戶松秀典指出[9]：

> 最高法院對於馬克林事件的判決[10]，作為此論點的先例必須加以矚目。此事件雖然是外國人爭議法務大臣的拘留的期間更新不許可處分，但最高法院指出首先，第22條第1項僅止於規定日本國內的居住與遷徙自由保障的旨趣，關於

---

[8] 日本大阪地方法院判決昭和55年3月24日《訟務月報》第26卷第8號，頁1301。
[9] 戶松秀典〈第3章國民的權利及義務〉，戶松秀典＝今井功編著，《論点体系 判例憲法 1：裁判に憲法を活かすために》，頁50-51。
[10] 日本最高法院大法庭判決昭和53年10月4日《最高裁判所民事判例集》第32卷第7號，頁1223。

外國人入境我國並無任何規定，此在國際習慣法上，國家並未背負接受外國人的義務，只要不存在特別的條約，是否接受外國人進入本國國內，又，對此接受時賦予何種條件？被認為是該國家可以自由決定，憲法上，外國人，並未受到保障入境我國的自由，乃是理所當然，並未受到保障可以要求居留的權利乃至於持續居留的權利，受到判決表示。再者，「憲法第3章的各項規定的基本人權保障，除被解釋為權利性質上僅以日本國民做為對象者外，應解釋為對於居留在我國的外國人亦平等達及，即使是關於政治活動的自由，除被解釋為對於我國政治意志決定或者其實施有所影響的活動等有鑑於外國人地位對此承認並不適當者外，其保障解釋為達及，乃是相當」，對於外國人的人權享有主體性，表示根據所謂的性質說。然而如前所述，外國人的居留權利乃至於持續居留可以要求的權利並未受到保障，不過是只要是根據法務大臣的裁量被承認更新為適當足以有相當的理由加以判斷時，而被賦予可以接受居留期間更新的地位而已，因此針對外國人的憲法基本人權的保障，解釋為不過是在上述外國人居留制度框架內被賦予而已，乃是相當，受到判決表示。此外，此處的最高法院判決，將上述法務大臣的居留期間更新不許可處分，判決為違反國際協調主義以及基本人權保障的理念，乃是逾越裁量權範圍的違法處分的第1審的判斷，加以推翻。

在此先例下，做出外國人入境簽證不交付為正當的下級審判決有，東京地方法院平成十年十二月二十五日判決[11]等。此外，

---

[11] 《判例タイムズ》第1006號，頁146。

根據此先例，國家在日本國內若「針對外國人禁止進行特定的運動」時，則此項措施雖然理所當然地違反憲法，但在舉辦「國民體育大會或者縣民大會」時，即使將其參加資格限定在日本國民，並不違反第十一條、第十三條、第十四條的判決[12]存在。

3、針對「法人是否為人權的享有主體？即使是作為人權的享有主體，法人是否有與自然人相同的人權保障？」的判例

本論點的先例，是八幡製鐵廠政治獻金事件的最高法院判決[13]。此判決乃是關於八幡製鐵株式會社針對政黨做出的「政治獻金」，該公司的股東追究該公司的董事會的「損害賠償責任」的訴訟，最高法院，指出「憲法下的議會制民主主義的政黨功能的重要性」，關於「公司的人權享有主體」作出以下的判決表示。戶松秀典指出[14]：

> 「憲法上的選舉權及其他所謂的參政權僅承認作為自然人的國民，如所論所主張。然而，公司既然有納稅的義務，與自然人的國民平等地負擔國稅等，在作為納稅者的立場內，針對國家或者地方公共團體的施政，即使提出意見的表明及其他的行動，並無應該禁止與壓制的理由。不僅如此，憲法第3章所規定的國民的權利以及義務的各個條款，性質上只要可能，應該解釋為亦適用於內國的法人，因此公司與作為自然人的國民同樣地，擁有做出支持、推

---

[12] 日本福岡地方法院判決平成5年8月31日《判例タイムズ》第854號，頁195。
[13] 日本最高法院大法庭判決昭和45年6月24日《最高裁判所民事判例集》第24卷第6號，頁625。
[14] 戶松秀典〈第3章國民的權利及義務〉，戶松秀典＝今井功編著，《論点体系 判例憲法 1：裁判に憲法を活かすために》，頁51-52。

動或者反對國家或者政黨的特定政策等的政治行為的自由。政治資金的捐款正是其自由的一環，根據公司做出上述行為時，即使對政治動向有所影響，此不存在與作為自然人的國民的捐款不同處理的憲法上的要求。論旨，公司捐款給政黨乃是侵犯國民的參政權，但對政黨的捐款，在事務的性質上，不僅不會直接影響到國民各個選舉權及其他參政權的形式本身，政黨的資金的一部分即使存在選舉人收買的可能性，亦不過是偶爾產生的病理現象；同時，抑止上述非違行為的制度嚴格地存在，總之，政治資金的捐款，難以直接侵害到選舉權的自由行使；公司擁有政治資金捐款的自由，既如前述提示，即使此對國民的政治意志的形成有所作用，但不足以完全不同。所論儘管指出大企業的巨額捐款應該會產生金權政治的弊端，又，若有勢力的股東為外國人時亦有外國干涉政治的危險，再者，豐富龐大的政治資金將會釀成政治的腐敗，對應處理所指出的弊端害惡的途徑，目前，應該等待立法政策，在憲法上，只要不違反公共福祉，雖然是公司不得不說擁有政治資金捐款的自由，以此侵害國民參政權的論旨無法採用。」

此判決表示，基本上「承認法人的人權享有主體性」，是否與自然人的人權受到同樣的保障，主張應該根據「人權的性質」受到決定。此後，關於公司的政治獻金在社會上成為問題，股東代表訴訟受到提起。戶松秀典指出[15]：

---

[15] 戶松秀典〈第3章國民的權利及義務〉，戶松秀典＝今井功編著，《論点体系　判例憲法　1：裁判に憲法を活かすために》，頁53。

其中之一，法院判決[16]如下。公司的政治資金的捐款，第一，根據立法相當程度的規制受到進行，實質地侵害憲法對國民保障的選舉權等的參政權無法說是此種的危險狀態，又，亦無法說是侵害在制度上從公司脫離的自由受到擔保的股東的思想與信條的自由，亦無法說是違反公序良俗；第二，客觀上與抽象上觀察，只要是被承認為在發揮公司的社會功能上的作為，應該說是公司內規所規定目的的範圍內的行為。作為於此同樣的判例，有大阪地方法院平成13年7月18日判決[17]，以及大阪高等法院平成14年11日判決[18]。

即使是同樣的法人，與公司不同，「根據法律其設立目的」受到規定，當作為「強制加入團體的組織」時，將會受到與上述的公司不同的判斷。戶松秀典指出[19]：

其中之一，可在南九州稅務士會事件的判例中見到。此乃是該稅務士為著徵收稅務士法改正運動所需要的特別資金的調度作為特別會費，未繳納會費的會員確認特別會費納入義務不存在，以及關於已受到的待遇的精神撫慰金的支付等要求的訴訟的判決，但最高法院，對於政黨等規制法上的政治團體，是否進行金額的捐款，與選舉的投票自由構成表裡的關係，根據會員個人作為公民的個人思想、見

---

[16] 日本名古屋高等法院金澤分院判決平成18年1月11日《判例時報》第1937號，頁143。
[17] 《金融‧商事判例》第1145號，頁36。
[18] 《判例タイムズ》第1120號，頁115。
[19] 戶松秀典〈第3章國民的權利及義務〉，戶松秀典＝今井功編著，《論点体系　判例憲法　1：裁判に憲法を活かすために》，頁53。

解、判斷等，提示應該自主決定的事項，南九州稅務士會針對政黨等進行金額的捐款，結論是稅務士法所規定的稅務士會的目的範圍外的行為。在另一方面，群馬司法書士會事件中，該司法書士會決定為著阪神與淡路大震災復興支持與援助目的的撥出金加以規定進行捐款，因此向會員要求上述目的的負擔金徵收時，會員要求確認上述支付義務不存在以及根據該會的決議的債務不存在確認的訴訟，對此，最高法院指出，該決議乃是在該司法書士會的權利能力範圍內，駁回請求[20]。

由上可知，雖說是法人，「公司的情形」與「根據法律強制加入團體」，「無法進行同等的處理」。此外，關於宗教法人，與第二十條的關係則成為考慮的對象。

4、針對「天皇是否為人權保障的享有主體？」的判例

在判例中，關於天皇是否為人權的享有主體？並無從正面論述的案例，若是參照以下的判例中作為傍論的提及時，可說是「無法說是與通常的日本國民[21]同等的人權享有主體」。戶松秀典指出[22]：

> 作為最高法院的判例，對於針對天皇的不當利得歸還請求事件的判決[23]中，指出「有鑑於天皇乃是日本國的象徵，

---

[20] 日本最高法院第一小法庭判決平成14年4月25《裁判所時報》第1314號，頁1。
[21] 若解釋為天皇亦是日本國民時，則是天皇以外的日本國民的意義。
[22] 戶松秀典〈第3章國民的權利及義務〉，戶松秀典＝今井功編著，《論点体系 判例憲法 1：裁判に憲法を活かすために》，頁53-54。
[23] 日本最高法院第二小法庭判決平成元年11月20日《最高裁判所民事判例集》第43卷第10號，頁1160。

日本國民統合的象徵，解釋民事裁判權不達及天皇，乃是相當」，駁回請求的唯一判例。根據此，天皇提起名譽棄損的損害賠償訴訟，或者以精神自由侵害作為理由提起訴訟，將不會受到想定。因此，所謂的天皇拼貼圖事件中，從天皇作為象徵的地位或者天皇的職務觀之，關於天皇，隱私的權利或者肖像權的保障受到制約，在傍論說明的判決[24]，繼續沿襲著最高法院的見解。此外，關於《日本國憲法》公布前的昭和21年5月19日的米飯獲得人民大會的抗議牌的用語，以不敬罪受到起訴的事件，針對天皇本身的毀謗侮辱，第1審雖然以符合《刑法》第230條第1項的名譽毀損罪判決有罪[25]；控訴審關於不敬罪，以昭和23年11月3日存在大赦作為理由，判決免訴[26]。

最高法院由於亦支持此一結論[27]，因此針對此處的論點未作出任何的啟發。

5、所謂的AI為何？是否在憲法上具有人權享有主體性？是否可賦予法人格？AI與倫理的關係為何？

最近幾年，快速地針對人工智能（Artificial Intelligence, AI）各種領域的關心受到矚目。此在法學的領域亦非例外。然而，AI究竟為何？以法學等作為專門的文科人類，在理解上極其困難。此外，即使在AI研究的專家當中，對於AI的定義似乎並無共通的

---

[24] 日本富山地方法院判決平成10年12月16日《判例タイムズ》第995號，頁76。
[25] 日本東京刑事地方法院判決昭和21年11月2日《大審院刑事判例集》第2卷第6號，頁603。
[26] 日本東京高等法院判決昭和22年6月28日《大審院刑事判例集》第2卷第6號，頁607。
[27] 日本最高法院大法庭判決昭和23年5月26日《大審院刑事判例集》第2卷第6號，頁529。

認識。加藤隆之指出[28]：

> 根據AI的智能程度，主要可區分為四個階段[29]。
>
> （1）單純的控制程式⇨空調或者掃地機器等的單純家電
> （2）古典的人工智慧⇨將棋程式
> （3）導入機器學習（machine learning）對人工智能⇨檢索引擎
> （4）深層學習（deep learning）的人工智慧⇨開發中
>
> 當中，關於（1），過去即已存在，不值得附加人工智能此種的名稱。從（2）到（3），方值得稱為是人工智能，特別是（3），透過根據大數據的解析的機械學習，自己進化，正符合所謂的人工智能。

所謂的機械學習乃是以資料為主，學習規則或者知識。此外，所謂的深層學習，在以資料為主，電腦自行作出特徵量，根據此特徵量，分類資訊。總之，具有可活用所謂的大數據，快速地持續進化中。加藤隆之指出[30]：

> AI與機器人的區別亦非常重要。頭腦（=AI）與手腳（機器人）的關係可同列平行思考。AI的活用與實用化，透過

---

[28] 加藤隆之，《憲法判例から考える自由と平等：権利をめぐる多様性と妥当性》（京都市：ミネルヴァ書房，2021年），頁16。
[29] 松尾豐《人工知能は人間を超えるか》〔角川EPUB選書，2015年〕51-53頁，引自加藤隆之，《憲法判例から考える自由と平等：権利をめぐる多様性と妥当性》，頁16。
[30] 加藤隆之，《憲法判例から考える自由と平等：権利をめぐる多様性と妥当性》，頁17。

機器人受到進行。舉例而言，搭載兩者的是，aibo（犬類寵物機器人）、倫巴（掃地機器人）、Pepper（人形機器人）等許多的物品可受到思考。

AI蓬勃地受到討論的理由之一是，部分的研究者主張，透過深層學習的開發，特異點（singularity）已到來。所謂的特異點，係指人工智能超越全人類的知性的時間點，人工智能遠比人類更為聰明的事態[31]。加藤隆之指出[32]：

> 既然電腦（AI）已勝過將棋或者圍棋的職業棋士等，在特定的領域上遠超過人類的能力已非常明顯（特化型AI）。
> （1）1997年電腦勝過西洋棋的冠軍；
> （2）2011年電腦勝過美國猜謎節目的冠軍；
> （3）2015年電腦勝過將棋名人的可能性升高，資訊處理學會宣言電腦將棋計畫的停止；
> （4）2016年電腦勝過圍棋棋士的韓國李世石九段（中間省略）；
> 特異點的到來，（中間省略）關於AI，（1）難以依照自己的意志進行生殖；（2）難以擁有運動或者演奏樂器時的感覺；（3）難以擁有感受美味的食物，難以感受女性的美麗，難以感受慈愛自己子女等等的本能或者直觀，抱持著上述的問題。此乃是人類作為生命體下所具備的能

---

[31] Ray Curzweil的著作 *The Singularity Is Near: When Humans Transcend Biology* (2005)使用此用語之後，儘管在物理等的領域中早已受到使用，快速擴展。引自加藤隆之，《憲法判例から考える自由と平等：權利をめぐる多樣性と妥当性》，頁17。
[32] 加藤隆之，《憲法判例から考える自由と平等：權利をめぐる多樣性と妥当性》，頁17。

力,AI就是無法超越生命此一壁壘。

討論是否承認AI具有憲法上的權利?何種層次的AI?要賦予AI人權?或者是賦予搭載AI的機器人?有必要加以釐清。然而,難以確定上述的論點,模糊地將來可能賦予一定的AI人權的可能性是否存在?受到討論中。要言之,研究者先暫且擱置何種AI或者機器人可賦予人權的討論,而將論點集中在是否有受到允許的可能性。

若參考過去的討論,可進行討論的是,以承認「法人具有人權享有主體性」作為根據,支持「法人作為社會實體存在」的實在說理論的說明時,肯定AI或者機器人有憲法上的權利,在理論上成為可能。此外,「以還原法人構成員的利益作為理由」,承認法人的人權享有主體性的「法人擬制說」理論的立場時,承認AI享有人權的結果,若其恩惠被認為是「由自然人享受」時,則有可能肯定AI享有憲法上的權利。

要言之,自然人以外的存在是否承認其亦具有憲法上的權利?則是思考與喜好的分水嶺,若對此肯定時,無論是法人或是AI,擴大其對象在理論上並非不可能。理所當然地,法人與AI的不同是,法人乃是其構成員的人類進行其法人的意志決定,成為人類的手腳採取行動,而AI則是與人類分離的存在受到想定。要言之,「法人的意志決定或者基於此決定的行為由人類進行,其責任由法人承擔」的結構,但在「自律性質的廣泛使用類型的AI,其意志決定的本身並非由人類進行」。

因此,是否承認AI人權的爭論點在於,是否維持人類中心主義?或者是否承認人類中心主義的相對化?具有此種的重要意義。前者將AI視為是物品,與人類作為生存手段的存在進行切割,但後者則非如此。加藤隆之的見解是,「不承認法人作為人

權的根據用在AI亦妥當的解釋。AI在憲法上的權利不應該受到承認」[33]。

即使AI或者機器人無法成為憲法上的權利主體，但是否有可能賦予法人格？針對公司等法人格受到賦予的核心意義之一是，「減輕、分配、分散自然人受到課處的責任負擔」。若從上述的觀點觀察，AI或者機器人賦予其法人格的法制度的採用或許亦可受到檢討。再者，若與公司進行平行思考時，若讓「AI或者機器人負擔法律責任」時，其本身可成為「財產權的主體」，亦被認為必須具有財產的基礎。

然而，法人格受到賦予的團體在何種範圍可進行活動承擔責任？關於此點，由制度的內涵所決定的──股份有限公司的資本金，即使是一塊日幣亦可設立，即可明確得知。因此，賦予法人格「必要性或者合理性」存在時，將AI或者機器人的範圍明確化，符合上述範圍的法人格的賦予方法可找出時，則未必具有財政上基礎的AI或者機器人賦予其法人格，在理論上被認為亦有可能。

即使AI無法享有憲法上的權利，即使其法人格無法受到賦予，但AI的進化，將來將會不斷地要求與法律的關聯性相關的研究。

此外，AI被認為是在與倫理的關係上亦有問題。倫理與AI之間的關聯性雖然具有多種層面，在此以倫理作為根據，介紹不應該產生出一定的AI機器人的討論。加藤隆之指出[34]：

> 照顧他人的機器人，所謂的照護機器人的開發不斷進行，

---

[33] 加藤隆之，《憲法判例から考える自由と平等：権利をめぐる多様性と妥当性》，頁19。
[34] 加藤隆之，《憲法判例から考える自由と平等：権利をめぐる多様性と妥当性》，頁20。

有以下的機器人：
（1）照顧兒童的機器人（支持援助養兒育女的機器人）；
（2）照顧老人的機器人（介護用的機器人）；
（3）照顧性行為的機器人（可進行性行為的機器人）。

針對（1）與（2），可視為是人類照顧人類，要求機器人進行照顧乃是違反人類尊嚴的主張存在。針對（3），則與生殖有關，畢竟有阻礙人類繁榮之疑慮的主張。對於從（1）到（3），皆是在人類無必要知道對方（需求或者感情）的前提下，亦被批判為非人道。舉例而言，關於（1）與（2），由於可說是完全忽略對方的心情的任意妄為；關於（3），不能理解女性的心情，由於即可進行性行為，擔心會產生出無法理解人類心情的傲慢人類。

關於（1），某位女性律師曾經指出，由於自己從事工作，將子女交付給丈夫、自己或者丈夫的雙親、保母等各式各樣的人，必須是母親的情形並不存在。從上述的發想的人們觀察，或許支持援助養兒育女的機器人不應該有任何的否定。

然而，養兒育女，是否是任何人或者是機器人即可進行的工作？母性此種情形難道不存在？母親的溫暖難道是天真的幻想？人類並非合理存在是否有可能由機器人進行教導？等，存在諸多疑問。理所當然地，即使有上述的疑問或者倫理的根據，甚至難以主張應該禁止照顧機器人的開發或者製造的本身。受到製造的機器人的利用，或許只能委託給個人的倫理判斷。總之，此乃是正在開始的討論領域。

最近幾年，搭載AI的自律型機器人武器的利用成為問題。上

述的軍事用途機器人為何成為問題？乃是因為機器人認識到殺害的目標後，進行攻擊的判斷所致。簡言之，使用過去的武器，殺害的最後按鈕（最終決定權）由人類掌握，但「自律型機器人武器，則是由AI進行掌握」。

完全進行自律判斷的殺人武器，連結到大量殺害的責任所在將會成為不明確等的理由，從此受到認識的是，其使用不應受到許可。關於此項問題，透過1980年表決通過的1983年生效的《聯合國特定通常武器使用禁止限制條約》（Convention on Certain Conventional Weapons, CCW）締約國會議等，國際上的努力已經受到進行。

關於基本人權的限制，有以下的兩個論點。

6、「作為人權限制根據的公共福祉的意義為何？」的判例

憲法，作為「人權限制的根據」，除總則規定的第十二條或者第十三條之外，在第二十二條或者第二十九條，舉出「公共福祉」。在此，所謂的公共福祉究竟所指為何？受到提問。此外，即使在與未明白表示「公共福祉的規定」之間的關係上，即「精神的自由」（第十九至二十一條）或者「社會權」（第二十五至二十八條）等保障，是否可成為同樣的限制根據？被視為是問題。戶松秀典指出[35]：

> 最高法院，針對D.H.勞倫斯的《查泰萊夫人的戀人》的翻譯本是否符合《刑法》第175條的猥褻文書？受到爭論的事件的判決[36]中，判決表示「關於憲法所保障的各種基本

---

[35] 戶松秀典〈第3章國民的權利及義務〉，戶松秀典＝今井功合編著，《論点体系 判例憲法 1：裁判に憲法を活かすために》，頁55-56。
[36] 日本最高法院大法庭判決昭和32年3月13日《最高裁判所刑事判例集》第11卷第3號，頁997。

人權,各自相關的各個條文是否提示出限制的可能性?與此無關,憲法第12條、第13條的規定其濫用受到禁止,乃是在公共福祉的限制下,並非絕對毫無限制」,判例上,公共福祉是,凡所有的人權的限制規定,明確地受到說明。此處的查泰萊事件,最高法院,接續上述的判決表示,做出的判斷是,第21條的表現自由亦非絕對毫無限制,受到公共福祉的限制,《刑法》第175條的規制符合公共福祉,無法說是違憲。因此,所謂的公共福祉,即成為是被納入《刑法》第175條的保護利益。其後,舉例而言,亦在成田新法訴訟的判決中,最高法院的說明是,「憲法第21條第1項所保障的集會自由,作為民主主義社會的重要基本人權之一,必須特別受到尊重。(中間省略)然而,雖然說是集會的自由,並非所有的場合皆毫無限制受到保障,有受到公共福祉的必要且合理的限制,乃是不用多言。」[37];適用成田國際機場的安全確保相關的緊急措施法的規定,判斷集會等的規制合憲。在此,與此事件的關係上,所謂的公共福祉,可視為是成田國際機場的安全確保相關緊急措施法,作為對象的保護利益。

如上所述,判例上,不僅是「公共福祉的限制」受到明白表示的對於「經濟自由的限制」時[38],即使是針對未明白表示的「精神自由等的限制」,關於公共福祉被認為是限制根據,並無疑問的餘地。在此,第十二條或者第十三條的公共福祉,可視為是作為人權限制的根據的「總則性意涵受到納入」。理所當然

---

[37] 日本最高法院大法庭判決平成4年7月1日《最高裁判所民事判例集》第46卷第5號,頁437。
[38] 參照第22條或者第29條。

地，第十三條所保障的所謂的「幸福追求權」，作為「總括性的人權」，其他的憲法受到明白表示地顯示出的「個別的人權限制」不同的存在，若是如此，其限制根據的公共福祉的意涵，或許可讀出其本身的內容。

此外，從上述若干最高法院的判例，所謂作為人權限制根據的公共福祉，可說是被納入個別具體的限制立法中的保護利益。戶松秀典指出[39]：

> 在根據《屋外廣告物法》受到制定的《大阪市屋外廣告物條例》違反的張貼傳單行為受到起訴的事件中，最高法院的說明是，該條例的規制「維持大阪市的美觀風景，以及防止對公眾的危害的目的下，屋外廣告物的表示場所以及方法並屋外廣告物刊登的物件的設置以及維持上，採取必要的規制」，判決表示都市的美觀風景的維持與對公眾的危害防止，符合公共福祉的保持[40]。此外，散播針劑草藥的適應症狀與記載效能的傳單目的下，按摩師、針灸師、以及柔道整骨師法第7條違反受到起訴的事件中，最高法院的判決表示，該法「關於按摩、針灸等的業務或者診所，（中間省略）設置限制，亦不允許所謂的適應症狀的廣告者，若對此毫無限制容許時，在吸引患者的目的下或者稍微流於誇大虛偽，而有迷惑一般大眾之虞，其結果造成喪失適時適切地接受醫療機會的結果導致之虞目的下，在事先防止上述弊端害惡的目的下，禁止一定事項以外的廣告，從國民的保健衛生上的觀點觀之，在維持公共福祉

---

[39] 戶松秀典〈第3章國民的權利及義務〉，戶松秀典＝今井功編著，《論点体系　判例憲法　1：裁判に憲法を活かすために》，頁56-57。
[40] 日本最高法院大法庭判決昭和43年12月18日《最高裁判所刑事判例集》第22卷第3號，頁1549。

的目的下作為不得不採取的措施必須加以承認」[41]，在此判決規制法律下的保護利益符合公共福祉。

如上所述，本論點的回答是，各個「人權限制立法」中受到承認的「保護法益」加以解釋說明而獲得。再者，保持上述「保護法益的目的」的人權限制是否違憲的判斷，即使在上述最高法院的判決表示中所指出般地，該法律的人權限制是否為「必要」？又，關於「合理性」是否存在？進行提問。此司法審查得以具有說服力的目的下，「司法審查基準」的建構受到要求。

此外，在學說，追究公共福祉的內容，區分為人權的內在制約與外在制約，討論各自對應的司法審查的內涵等，多樣的討論受到展開。戶松秀典指出[42]：

> 在最高法院的判例中，在全遞東京中郵事件判決中，勞動基本權，「並非任何制約皆不受允許的絕對權利，內含從國民生活整體的利益保障觀點的制約視為是當然的內在制約」，說明勞動基本權受到公共福祉的制約[43]。下級審判例中存在以下的案例。詳言之，愛知縣的自治體的町為著成為《風俗營業法》規制對象外的愛情賓館對策的目的制定條例，根據此由町長發出愛情賓館的建築中止命令，要求此命令的無效確認乃至於取消的訴訟受到提起。對此，名古屋地方法院，如下所述論及條例的規制，中止命令

---

[41] 日本最高法院大法庭判決昭和36年2月15日《最高裁判所刑事判例集》第15卷第2號，頁347。

[42] 戶松秀典〈第3章國民的權利及義務〉，戶松秀典＝今井功編著，《論点体系 判例憲法 1：裁判に憲法を活かすために》，頁57-58。

[43] 日本最高法院大法庭判決昭和41年10月26日《最高裁判所刑事判例集》第20卷第8號，頁901。

並未違法而駁回請求[44]。詳言之，職業選擇自由可受到公共福祉制約，如同第22條所規定，「對於憲法第12條、第13條的『公共福祉』，作為權利本身的內在制約乃至於人權相互間的調整原理而受到理解，憲法第22條、第29條的公共福祉，亦被認為是以實踐其理念為目的的政策制約。若是如此本案成為問題的愛情賓館經營從公共福祉實現的觀點觀之，解釋為受到一定的制約，完全無法說是違反憲法第22條，既然如此即使是關於其制約的程度，未必是僅止於內在制約乃至於人權相互間的調整範圍而受到要求，從社會國家的觀點觀之，即使是積極的政策，其規制的程度，只要是在達成其目的上具有合理的關聯性的範圍內，可解釋為受到容許」。

由上可知，在判例中，關於「公共福祉的意涵，給予某種定義的判決並不存在」。何者為公共福祉，「必須根據個別具體的案例，讀取出限制人權的法律內容」。

7、「公法上的特別關係中的人權限制如何受到正當化？」的判例

本論點的對象的代表案例，主要是針對公務員的人權限制。戶松秀典指出[45]：

在監關係亦為其代表案例。然而，即使說是在監關係，例如，規定關於在監者的書信寄受的限制的《監獄法》50條

---

[44] 日本名古屋地方法院判決平成17年5月26日《判例タイムズ》第1275號，頁144。
[45] 戶松秀典〈第3章國民的權利及義務〉，戶松秀典＝今井功編著，《論点体系 判例憲法 1：裁判に憲法を活かすために》，頁58-59。

以及該法施行規則第130條的規定,並不違反(筆者註:憲法)第21條、第34條、第37條第3項,根據先例的旨趣已為明顯,受到拘留的被告人與律師之間的書信的授受,根據前述規定,看守所長進行檢閱,被認為並不違法的判決[46]般地,關於各種的人權限制受到爭論乃是通例,限制的正當化,必須在該案例中受到提問的個別人權受到檢討。此可由該判例引用的三個大法庭判決進行參照可為明確。詳言之,對於違反《公職選舉法》在刑務所受到收容的尚未判決拘禁者,做出的禁菸處分以違反(筆者註:憲法)第13條受到爭議的事件的判決[47];以《凶器準備集合罪》、《公務執行妨礙罪》等受到起訴,在看守所受到收容的被告人等,給予用墨水塗黑的報紙,以侵害知的權利作為理由受到提起的所謂淀號劫機報導塗黑事件的判決[48];以及,以恐嚇未遂的嫌疑受到逮捕與拘留的嫌疑犯的律師所受到的接見交通權的妨礙爭論事件的判決[49]中,關於被認為問題的人權限制,法院給予公權力權限行使相關裁量加以尊重為共通的傾向可見到。

儘管如此,人權限制的正當化理由,必須要由各自的案例中的個別性質進行考察。

關於本論點的評論,對於「公法」與「私法」的二分論,學

---

[46] 日本最高法院第二小法庭判決平成15年9月5日《判例タイムズ》第1246號,頁218。
[47] 日本最高法院大法庭判決昭和45年9月16日《最高裁判所民事判例集》第24卷第10號,頁1410。
[48] 日本最高法院大法庭判決昭和58年6月22日《最高裁判所民事判例集》第37卷第5號,頁793。
[49] 日本最高法院大法庭判決平成11年3月24日《最高裁判所民事判例集》第53卷第3號,頁514。

說上雖然有討論，《行政事件訴訟法》第四條，以「公法上的法律關係」作為「當事者訴訟」的要件般地，在實際的「法秩序」上可說有其區別的存在意義。此外，「特別的關係」此種的處理方式，源自於從憲法制定後的初期左右即存在，所展開的學說是「特別權力關係理論」。戶松秀典指出[50]：

> 然而，此處的特別權力關係理論，雖然有極其多的討論，但在最高法院的判例中並未受到納入，即使是在學說中，變化為採用公法上的特別關係此種的表現，本論點即根據於此。然而，關於此的判例動向的實際情形中，並非在某個規則下論述人權限制的樣態，由於可說進行相關各條文的討論的方式較佳，如上所述，將會委諸於各自相關規定的參照。

關於基本人權的範圍與界限，有以下的兩個論點。

8、「人權保障與權利・自由的濫用之間的關係為何？」的判例

《日本國憲法》第十二條雖然規定警戒權利行使的濫用，但以此作為根據的訴訟雖然不多，但卻存在。戶松秀典指出[51]：

> 初期的案例是，在償還期後超過利息限制法所規定的限制利率的延宕損害金額應該支付的特別約定，乃是免除利息限制法、貸款業者等的取締相關法律、臨時金額利息調整

---

[50] 戶松秀典〈第3章國民的權利及義務〉，戶松秀典＝今井功編著，《論点体系　判例憲法　1：裁判に憲法を活かすために》，頁59-60。
[51] 戶松秀典〈第3章國民的權利及義務〉，戶松秀典＝今井功編著，《論点体系　判例憲法　1：裁判に憲法を活かすために》，頁61。

法等所規定的限制作為目的的脫法行為；在另一方面，違反第12條的權利濫用行為，由於是違反公序良俗，主張無效的訴訟中，法院，參照其特別約定內容與緊迫的戰後金融界及其他經濟界一般的實際情況，判決表示「如同本案在償還期間後的延宕損害金額規定為每個月1成2分，未必可說是應該『認為是不當的損害補償』般地過於過高的金額，」無法「因此立即說是脫法行為，權利濫用，違反公序良俗」[52]。

戶松秀典指出[53]：

在豐岡市大開街道上經營儲物櫃及其他家具類的販售業者，在原判決表示的期間中，在錄音機上加上擴音機，連日長時間連續向屋外，以自家的商業宣傳為首雜多的內容，以異常大聲的高分貝進行播放，危害安靜平穩帶給鄰居麻煩的行為，受到起訴的事件中，法院的說明是，「表現的自由是憲法所保障，國民雖然擁有商業宣傳的自由，但不可濫用之，負有經常必須在公共福祉的目的下加以利用的責任」，駁回被告人的主張的案例[54]存在。

戶松秀典指出[55]：

---

[52] 日本東京高等法院判決昭和28年5月13日《下集裁判所民事裁判例集》第4卷第5號，頁695。
[53] 戶松秀典〈第3章國民的權利及義務〉，戶松秀典＝今井功編著，《論点体系　判例憲法　1：裁判に憲法を活かすために》，頁61-62。
[54] 日本大阪高等法院判決昭和28年6月8日《高等裁判所刑事判決特報》第28號，頁37。
[55] 戶松秀典〈第3章國民的權利及義務〉，戶松秀典＝今井功編著，《論点体系　判例憲法　1：裁判に憲法を活かすために》，頁62。

對於著作權仲介者與使用承諾需要者之間的著作物利用契約限定為書面行為的著作物使用費用規程違反第12條、第22條，侵害營業權的主張的事件，法院，由於該規定的旨趣期待權利行使的適當公正防止權利濫用，因此不違反第12條、第22條的案例[56]存在。

9、「抵抗權是否受到承認？」的判例

抵抗權此種人權，雖然在《日本國憲法》尚未受到明白表示，但在學說上，在國外的憲法當中存在規定，或者以第十二條、第九十七條、或第九十八條作為根據可加以引導出的立場存在，在上述背景下，在訴訟中受到主張的案例存在。然而，承認抵抗權行使的判決並不存在。以下皆是下級審判決。戶松秀典指出[57]：

> 札幌市《公安條例》違反受到起訴的被告人，主張自己的行為乃是抵抗權的行使，符合超法規的阻卻違法事由，對此，法院的說明是，抵抗權的成立乃是對於民主主義的基本秩序進行重大的侵害，憲法存在的本身受到否認的情形，並且不法乃是客觀明顯的情形作為要件，駁回關於不符合該行為的主張[58]。愛知縣《公安條例》違反事件中的抵抗權行使的主張，同樣地受到駁回[59]。此外，對於警察職務執行法修正法案作為統一反對運動的一環的團體行

---

[56] 日本神戶地方法院判決昭和45年7月18日《判例タイムズ》第253號，頁153。
[57] 戶松秀典〈第3章國民的權利及義務〉，戶松秀典＝今井功編著，《論点体系 判例憲法 1：裁判に憲法を活かすために》，頁62-63。
[58] 日本札幌地方法院判決昭和37年1月18日《下集裁判所刑事裁判例集》第4卷第1=2號，頁69。
[59] 日本名古屋高等法院判決昭和47年12月5日《刑事裁判月報》第4卷第12號，頁1920。

為，以居住侵入罪等受到起訴的事件中，所構成的行為雖然主張是憲法所保障的抵抗權的法理的抵抗運動具有正當性的旨趣，但以不符合實質上違法性受到阻卻的抵抗權行使而未受到承認的案例[60]亦存在。再者，關於反對教育委員會所實施學力調查而做出的行為，主張乃是根據第99條「擁護憲法的義務」的抵抗權的行使受到否認的案例[61]存在。其他，可參照名古屋高等法院金澤分院昭和35年2月23日判決[62]、奈良地方法院昭和36年3月13日判決[63]、東京地方法院昭和36年3月27日判決[64]、大阪地方法院昭和37年5月31日判決[65]。

戶松秀典指出[66]：

作為獨特的案例是，在參議院的本會議當中，從旁聽席位朝向講臺丟擲皮鞋，大聲喊叫等，使議場陷入暫時的混亂狀態的行為，不被承認是符合抵抗權行使的判決[67]存在。

再者，關於反對新東京國際機場建設以及機場開放的行為，主張為抵抗權行使有其正當性的幾個刑事事件存在，但其主張皆

---

[60] 日本福島地方法院判決昭和36年11月4日《下集裁判所刑事裁判例集》第3卷第11=12號，頁105。
[61] 日本福岡地方法院小倉分院判決昭和39年3月16日《下集裁判所刑事裁判例集》第6卷第3=4號，頁241。
[62] 《下集裁判所刑事裁判例集》第2卷第2號，頁144。
[63] 《下集裁判所刑事裁判例集》第3卷第3=4號，頁245。
[64] 《裁判所時報》第326號，頁4。
[65] 《行政事件裁判例集》第13卷第5號，頁69。
[66] 戶松秀典〈第3章國民的權利及義務〉，戶松秀典＝今井功編著，《論点体系 判例憲法 1：裁判に憲法を活かすために》，頁63。
[67] 日本東京高等法院判決平成5年2月1日《判例時報》第1476號，頁163；其第一審的日本東京地方法院判決平成4年5月21日《判例タイムズ》第833號，頁265。

受到否認[68]。

關於私人間的法關係與基本人權的保障，有以下的兩個論點。

10、「國家並非當事者的私人間的法關係，人權保障是否達及？」的判例

人權保障，雖然是以「針對公權力對於人（自然人以及法人）的憲法上的權利與自由的侵害作為對象」，但在實際的訴訟上，即使是「在私人間的法的爭端」上，被主張為人權侵害的案例不少。因此，在此，關於對於私人間的人權保障規定的適用的學說上的爭論暫且不論，僅指出其實際的訴訟以及判例。此外，國家並非作為公權力行使主體的立場下，當成為法爭端的當事者時，做為私人間的法關係，在裁判上雖然會受到處理。然而，戶松秀典指出[69]：

> 最高法院判決的先例是，三菱樹脂事件的大法庭判決[70]。在該判決中，第14條或者第19條的規定，由於並非是直接適用在私人相互間的關係的規定，即使企業者以此緣故拒絕僱用擁有特定思想信條的勞動者，無法說是理所當然地違法，謀求僱用勞動者的企業者，在決定錄用與否的當時，調查勞動者的思想與信條，因此要求從該者申告與此相關聯的事項，判決表示無法說是理所當然地違法。然

---

[68] 日本東京地方法院判決昭和55年5月15日《刑事手續法規に關する通達・質疑応答集》第246號，頁6；千葉地方法院判決平成元年10月24日《刑事手續法規に關する通達・質疑応答集》第263號，頁237；千葉地方法院判決平成2年3月22日《刑事手續法規に關する通達・質疑応答集》第263號，頁473。
[69] 戶松秀典〈第3章國民的權利及義務〉，戶松秀典＝今井功編著，《論点体系 判例憲法 1：裁判に憲法を活かすために》，頁64-65。
[70] 日本最高法院大法庭判決昭和48年12月12日《最高裁判所民事判例集》第27卷第11號，頁1536。

而，此判決中，做出的保留是「無法說是理所當然地違法」，受到此影響，關於該事件的保留解約權的行使，此乃是參照與該事件相關的保留解約權的旨趣與目的，唯有在存在客觀且合理的理由，在社會主流想法上被認為是相當的情形下，方受到許可的解釋乃是相當，上述背景因素的審查目的下，該事件受到駁回更審。

如上可知，關於「企業在試用期間中所進行的僱用拒絕」，由於「不存在在僱用之後的《勞動基準法》的適用」，因此是否存在合理的理由？進一步是否作為「社會主流想法上被認為是相當」的判斷將會受到進行。在此判斷中，人權保障的旨趣如何受到納入？雖然此為關心事項，但三菱樹脂事件，「在發回更審的過程中達成和解」，因此並未作出決定性的判斷。

最高法院，此後，將此三菱樹脂事件判決作為先例，處理私人間的爭端。戶松秀典指出[71]：

> 在私立高等學校違反關於摩托車的「三不原則」（不考駕照、不騎乘、不購買）校規的學生，受到自動退學的處分，因此以學校作為對象發起請求損害賠償訴訟，最高法院對此，引用三菱樹脂事件判決，判決表示「關於本案自動退學建議，並不存在討論是否直接違反上述（筆者註：第13條、第29條、第31條的）基本權保障規定的餘地」[72]。此外，關於校規對摩托車的規制，上述的下級審

---

[71] 戶松秀典〈第3章國民的權利及義務〉，戶松秀典＝今井功編著，《論点体系 判例憲法 1：裁判に憲法を活かすために》，頁65。
[72] 日本最高法院第三小法庭判決平成3年9月3日《判例タイムズ》第770號，頁157。

判決[73]之外，駁回請求同樣的判決[74]雖然可見到，亦存在判決退學處分違法的案例[75]。此外，最高法院，關於私立高等學校的女子部的學生限制普通汽車駕駛執照的取得，禁止燙頭髮的旨趣的校規，即使對於主張違反第13條、第21條、第22條、第26條的訴訟，亦引用上述先例，判決表示由於「憲法上所謂的自由權性質基本權的保障規定，乃是規律國家或者公共團體與個人之間關係，關於私人相互間的關係理所當然地並非適用乃至於類推適用的規定」，因此，關於該校規，此不存在討論是否直接違反憲法上述的基本保障規定的餘地[76]。

此外，即使在前述的先例以前，戶松秀典指出[77]：

> 判決表示「憲法第20條與該法第19條相輔相成保障信教的自由，任何人根據自己的所要，擁有相信或者不相信特定宗教的自由，此項自由不受到國家及其他權力不當地侵害，如同本案，並未禁止在私人之間約定在特定場所不進行布道或者祭祀」的判例[78]存在。然而，此判決，引用宗教法人令[79]下的宗派規則適用於宗教法人與其所屬寺院之

---

[73] 日本千葉地方法院判決昭和62年10月30日《判例時報》第1266號，頁81；東京高等法院判決平成元年3月1日未登載公刊物。
[74] 日本高知地方法院判決昭和63年6月6日《行政事件裁判例集》第39卷第5=6號，頁469；高松高等法院判決平成2年2月19日《判例時報》第1362號，頁44。
[75] 日本東京地方法院判決平成3年5月27日《高等裁判所民事判例集》第45卷第1號，頁68。
[76] 日本最高法院第一小法庭判決平成8年7月18日《裁判所時報》第1176號，頁1。
[77] 戶松秀典〈第3章國民的權利及義務〉，戶松秀典＝今井功編著，《論点体系　判例憲法　1：裁判に憲法を活かすために》，頁65-66。
[78] 日本最高法院第一小法庭判決昭和42年5月25日《最高裁判所民事判例集》第21卷第4號，頁937。
[79] 昭和20年敕令第719號。

間視為是問題的判決[80]，而受到矚目。

因此三菱樹脂事件判決，作為針對私人間訴訟的先例的作用是否一以貫之？在對此加以關心時，存在著以下的動向，可說「無法單純地給予肯定」。戶松秀典指出[81]：

> 昭和女子大學事件的判決[82]。此乃是，昭和女子大學的學生違反該大學的校規，由於參與政治活動等遭受退學處分，對此進行爭議，主張校規以及退學處分違反第19條、第21條、第23條的事件，最高法院，援用三菱樹脂事件判決的先例，關於校規的規定，判決指出應該毫無餘地討論是否直接違反憲法的人權保障的規定。然而，接續著，說明「大學，不論是國公立或者是私立，皆是以學生的教育與學術的研究作為目的的公共設施，即使在法律並無特別規定下，應該作此解釋，在達成其設置目的下，必要的事項藉由校規進行片面地制定，擁有藉此規律在校學生的包括性質的權能」，關於其大學的包括性質權能的行使，進行在社會主流想法上合理性是否受到承認的判斷，判決表示該退學處分無法說是違法。

因此，針對大學學生的規律問題，在以與其他社會的私人間問題不同的觀點受到考察。

---

[80] 日本最高法院大法庭判決昭和30年6月8日《最高裁判所民事判例集》第9卷第7號，頁888。
[81] 戶松秀典〈第3章國民的權利及義務〉，戶松秀典＝今井功編著，《論点体系 判例憲法 1：裁判に憲法を活かすために》，頁66。
[82] 日本最高法院第三小法庭判決昭和49年7月19日《最高裁判所民事判例集》第28卷第5號，頁790。

關於第十四條的「平等待遇」的問題，即使是「私人間的爭端」，納入「人權保障規定的意義」的判決表示受到承認。此顯著地表現在，針對「入會權者資格差別待遇」事件的判決[83]。戶松秀典指出[84]：

> 在此事件中，關於沖繩的一個部落的入會地的入會權者資格，針對女子進行差別的規定受到爭議，但對於上述的差別，說明「參照規定男女的本質平等的《日本國憲法》的基本理念，應該對於入會權做不同的處理的合理理由無法找出」，判決表示無法將差別待遇加以正當化。關於上述第14條第1項相關的男女平等的問題，已經在日產汽車事件判決[85]中，判決表示「公司的就業規則中女子的退休年齡規定比男子更低的部分，歸結到僅僅以單是女子作為理由加以差別待遇，規定僅僅依照性別的不合理差別待遇，根據《民法》第90條的規定，解釋為無效，乃是相當（參照憲法第14條第1項、《民法》第1條之2）」的判例存在。在括弧當中的第14條第1項的記載，至少在私人之間的協議（該事件是就業規則）的效力，憲法的人權保障規定達及，可視為是表示出與此並非無關。

由上可知，在判例中，私人間的法爭端中，人權保障規定違反受到主張時，雖然不會直接對此進行相關的判斷，但「與人權

---

[83] 日本最高法院第二小法庭判決平成18年3月17日《最高裁判所民事判例集》第60卷第3號，頁773。
[84] 戶松秀典〈第3章國民的權利及義務〉，戶松秀典＝今井功編著，《論点体系　判例憲法　1：裁判に憲法を活かすために》，頁66-67。
[85] 日本最高法院第三小法庭判決昭和56年3月24日《最高裁判所民事判例集》第35卷第2號，頁300。

保障的理念作為基礎，進行是否在社會主流想法上合理的理由可受到承認的審查」。

11、「國家行為被承認是私法上的行為時的人權保障，是否與國家並非當事者時的人權保障相同？」的判例

國家行為被承認是私法上的行為時，有百里基地訴訟的判例。戶松秀典指出[86]：

> 此訴訟，國家與私人同時成為原告，針對航空自衛隊百里基地擴張用的土地，與另一方的私人被告之間，提起要求所有權確認、所有權移轉假登記的塗銷等的訴訟，在其上告審判決中，最高法院判決[87]表示，即使是國家的行為，關於以私人對等的立場進行國家的行為，行使公權力定立法規範的行為，亦即，不符合第98條第1項所謂的「關於國務的其他行為」，該土地買賣契約違反第9條無效的被告主張無法容許承認。該訴訟中，第9條的適用被提問，雖然並非是人權保障規定適用的問題，但國家的行為是與私人相同對等的立場的行為時，可與前述第一個論點同樣地受到處理，似乎可如此接受。實際上，此判例，最高法院，引用前述的三菱樹脂事件的先例。

關於「百里基地訴訟成為爭論點的土地買賣契約的效力」，提問是否違反《民法》第九十條的「公序良俗」？戶松秀典指出[88]：

---

[86] 戶松秀典〈第3章國民的權利及義務〉，戶松秀典＝今井功編著，《論点体系　判例憲法　1：裁判に憲法を活かすために》，頁67-68。
[87] 日本最高法院第三小法庭判決平成元年6月20日《最高裁判所民事判例集》第43卷第6號，頁385。
[88] 戶松秀典〈第3章國民的權利及義務〉，戶松秀典＝今井功編著，《論点体系　判

關於該買賣契約的目的乃至於動機,給予判斷的理由當中,做出以下的論述。亦即,「憲法第9條,與人權規定同樣地乃是宣示出國家基本法秩序的規定,因此解釋適用處於憲法下位的法形式的所有法規時,可以成為其指導原理,乃是理所當然」。若根據此,國家的行為即使是被承認為是私法上的行為時,與第一個論點同樣地,人權保障規定的旨趣將會受到導入。理所當然地,關於百里基地訴訟,接續著,第9條並非直接規律私法上的行為作為目的的規定,因此關於該土地買賣契約的效力,則無法定為違反公序良俗。

例憲法 1:裁判に憲法を活かすために》,頁68。

柒、自由及權利的保持責任與濫用的禁止(《日本國憲法》第12條)

一、條文

此憲法所保障國民的自由及權利,必須透過國民不斷的努力,持續保持之。又,國民,絕對不可濫用此自由及權利,負有必須為著公共福祉經常利用之的責任。

二、概要

戶松秀典指出[1]:

本條,倡導在此憲法所保障的基本人權,國民本身必須經常努力保持,確認人權保障的國民主體責任的存在。此外,警戒人權行使的濫用,倡導受到公共福祉的制約作為前提。如此一來,規定人權享有的主體乃是國民的前條(筆者註:第11條),在本條中,確認作為主體的國民應

---

[1] 戶松秀典〈第12条〉,戶松秀典=今井功編著,《論点体系　判例憲法　1:裁判に憲法を活かすために》,頁79。

該負有的關於人權保障的責任。因此與前條同樣地,從本條無法導出某種的具體的權利與自由的保障,本條乃是人權保障的總原則性規定。

捌、個人的尊重、生命自由幸福追求權與公共的福祉（《日本國憲法》第13條）

一、條文

所有的國民，作為個人受到尊重。對於生命、自由以及幸福追求的國民權利，只要不違反公共福祉，在立法及其他國政上，有必要給予最大的尊重。

二、概要

宍戶常壽指出[1]：

> 本條，保障基本人權的第3章，被認為是構成《日本國憲法》整體的核心的規定。第1，本條規定，憲法保障基本人權的根據在於「個人的尊重」。第2，本條乃是關於基本人權的各項規定，特別是自由權規定的總原則性規定。要言之，本條所保障的「對於生命、自由以及幸福追求的

---

[1] 宍戶常壽〈第13条〉，戶松秀典＝今井功編著，《論点体系　判例憲法　1：裁判に憲法を活かすために》，頁80。

國民權利」當中，基本人權受到概括性地涵蓋，因此藉由其他的人權規定尚未受到保障的人權（所謂的「新的人權」）做出補充保障，而受到解釋。再者，本條，與第12條同樣地，規定基本人權的一般必須服從「公共福祉」的制約。

從上述的人權保障體系的定位，本條在裁判上經常地受到援用。理所當然地大多數是，與其他的人權規定同時地受到補充參照以及提及而已。在此僅針對本條固有的解釋問題進行檢討。

可從「個人的尊重」、「生命、自由、幸福追求的權利」、「公共福祉的限制」固有的解釋問題進行檢討。

三、論點

在「個人的尊重」方面，有兩個論點受到檢討。

1、「『所有的國民，作為個人受到尊重』這本條前段，為何種旨趣的規定？具有何種的法義意？」的判例

宍戶常壽指出[2]：

> 最高法院針對本條早已做出判決表示，「乃是宣示出個人尊嚴與人格的尊重」[3]。

本條前段的個人尊重，並不止於是理念性質的宣示，「侵害

---

[2] 宍戶常壽〈第13条〉，戶松秀典＝今井功編著，《論点体系　判例憲法　1：裁判に憲法を活かすために》，頁81。
[3] 日本最高法院大法庭判決昭和23年3月24日《最高裁判所裁判集刑事》第1號，頁535。

個人尊嚴乃至於人格的國家行為可產生出違憲的問題,亦在判例上受到承認」。宍戶常壽指出[4]:

> 最高法院,改正住宅地建築物交易業法的一部分的法律[5]附屬準則第7項以及第8項,對於既有的住宅地建築物交易業者課以營業保證金的提供義務,認為是「並非無視業者的人格」,駁斥違反本條的主張[6]。

改正撫恤法的一部分的法律[7]附屬準則第十條第一項第二號,應該接受撫恤金的「遺族」範圍的決定時,應該以「家」制度作為前提的舊撫恤法第七十二條第一項的規定作為依據的合憲性受到爭議的案例,宍戶常壽指出[8]:

> 最高法院在承認本條、第14條以及第24條乃是「站在以戶長作為核心的舊《民法》時代的『家』制度不予承認的立場」,判決表示不解釋為甚至追溯到過去法律關係加以否定的旨趣[9]。

此外,堀木訴訟最高法院的判決,宍戶常壽指出[10]:

---

[4] 宍戶常壽〈第13条〉,戶松秀典=今井功編著,《論点体系 判例憲法 1:裁判に憲法を活かすために》,頁81。
[5] 昭和32年法律第131號。
[6] 日本最高法院大法庭判決昭和37年10月24日《最高裁判所民事判例集》第16卷第10號,頁143。
[7] 昭和28年法律第115號。
[8] 宍戶常壽〈第13条〉,戶松秀典=今井功編著,《論点体系 判例憲法 1:裁判に憲法を活かすために》,頁81。
[9] 日本最高法院大法庭判決昭和44年12月24日《最高裁判所民事判例集》第23卷第12號,頁2595。
[10] 宍戶常壽〈第13条〉,戶松秀典=今井功編著,《論点体系 判例憲法 1:裁判に憲法を活かすために》,頁82。

對應第25條的要求所制定的法令,規定毀損個人尊嚴的內容時,另外承認有可能產生違反本條的問題的旨趣下,禁止兒童扶養津貼與障礙福利年金的合併給付的兒童扶養津貼法[11]第4條第3項第3款,判決表示「無法說是侵害兒童作為個人的尊嚴,違反憲法第13條恣意且不合理的立法」[12]。

再者,最高法院,關於本條與「國家教育權能」的關係,宍戶常壽指出[13]:

判決表示「承認個人的基本自由在國家政治上應該尊重其人格的獨立的憲法之下,妨礙兒童作為自由且獨立的人格成長的國家介入;例如,強制實施將錯誤的知識或者片面的觀念灌輸兒童的教育內容,從憲法第26條、第13條的規定上觀之不受到許可」[14]。

此外,最近的下級審法院判例中,宍戶常壽指出[15]:

在都市公園內設置的帳篷等作為起居場所所謂的流浪漢等,要求市長根據《都市公園法》第27條第1項停止執行

---

[11] 昭和48年法律第93號改正前。
[12] 日本最高法院大法庭判決昭和57年7月7日《最高裁判所民事判例集》第36卷第7號,頁1235。
[13] 宍戶常壽〈第13條〉,戶松秀典＝今井功編著,《論点体系 判例憲法 1：裁判に憲法を活かすために》,頁82。
[14] 旭川學力事件:日本最高法院大法庭判決昭和51年5月21日《最高裁判所刑事判例集》第30卷第5號,頁615;第3次家永教科書訴訟:最高法院第三小法庭判決平成9年8月29日《最高裁判所民事判例集》第51卷第7號,頁2921。
[15] 宍戶常壽〈第13條〉,戶松秀典＝今井功編著,《論点体系 判例憲法 1：裁判に憲法を活かすために》,頁82。

拆除命令的案例中,即使「確保個人的尊嚴,關於經營健康且文化最低限度生活目的的相當居所的權利,在憲法上值得尊重」,「在實現上述之旨趣下具體上採取何種立法措施等的選擇決定,除此會損害個人尊嚴,或者違反在第25條第1項保障經營健康且文化最低限度生活權利的旨趣等,明顯地欠缺合理性,顯著地不得不視為是裁量的逾越與濫用的情形外,交付給立法機關等的廣泛裁量」,駁回違反本條及25條的主張的判例[16]存在。再者,在同樣案件的本案訴訟中,本案代執行並未將原告等視為是人權享有主體的個人加以尊重等的主張,欠缺其前提而受到駁回[17]。

如上所知,本條前段違反雖然與侵害其他基本人權同時經常受到主張,但「判斷特定國家行為違反本條前段因而違憲的判例不存在」。宍戶常壽指出[18]:

如同引渡幼兒請求的本條適合性受到爭議的案例[19]般地,當事者主張在與個人尊重無關下,被視為是欠缺前提而受到駁回的案例可見到。此乃是,個人尊重甚至是基本人權作為我國法秩序的核心價值,根據第14條以下個別的基本人權規定,已經以具體的形態受到實現為大多數,再者與在本條後段所謂的「生命、自由以及幸福追求的權利」相

---

[16] 日本大阪地方法院決定平成18年1月25日《判例タイムズ》第1221號,頁229。
[17] 日本大阪地方法院判決平成21年3月25日《判例地方自治》第324號,頁10。
[18] 宍戶常壽〈第13条〉,戶松秀典=今井功編著,《論点体系 判例憲法 1:裁判に憲法を活かすために》,頁83。
[19] 日本最高法院第三小法庭判決昭和38年9月17日《最高裁判所民事判例集》第17卷第8號,頁968。

互結合，以人格權或者隱私權利等的形態謀求其保護所致。換言之，保障個人尊重的本條前段的實際意義，被認為是個別基本人權的解釋，或者是嚮導「新人權」的具體化[20]。

2、「個人尊重此種憲法秩序根本價值侵害存在作為理由，是否可以要求國家補償？」的判例

宍戶常壽指出[21]：

> 在下級審判例中，參照本條，從《日本國憲法》「將根本的價值放置在個人的尊重、個人的人格尊嚴」的前提，最遲在關於從軍慰安婦的內閣官房長官談話受到提出的平成5年以後，國會負有在恢復從軍慰安婦等所蒙受的損害目的的立法措施講求的作為義務，平成8年以後雖然已經過合理的期間，判決表示該立法不作為已成為《國家賠償法》上的違法的旨趣的判例[22]存在。然而，該事件的控訴審判決，判決表示本條並非「導引出應該做出積極的特定具體立法的義務的根據」，駁回國家賠償請求[23]。再者，不同的從軍慰安婦的賠償請求相關案例中，東京高等法院，判決表示「並非既存法規的憲法適合性的審查，無法解釋為存在關於憲法秩序根本價值相關的基本人權侵害，

---

[20] 此外，可參照作為第19條、第21條衍生原理，導引出報紙等閱讀自由時，指出此亦是沿襲著本條前段的旨趣的最高法院大法庭判決昭和58年6月22日《最高裁判所民事判例集》第37卷第5號，頁793（淀號劫機報導塗銷事件）。

[21] 宍戶常壽〈第13條〉，戶松秀典＝今井功編著，《論點體系 判例憲法 1：裁判に憲法を活かすために》，頁81-83。

[22] 日本山口地下關分院判決平成10年4月27日《判例タイムズ》第1081號，頁137。

[23] 日本廣島高等法院判決平成13年3月29日《訟務月報》第49卷第4號，頁1101。

同時,無法解釋為應該做出對此救濟立法的司法判斷,在民事訴訟等的情形中由法院進行,乃是憲法所預定」[24]。

在「生命、自由、幸福追求的權利」方面,有九個論點受到檢討。

3、「本條後段的『對於生命、自由及幸福追求的權利』為何種的內容?具有何種法的意義?」的判例

本條後段的「對於生命、自由及幸福追求的權利」(以下稱為「幸福追求權」),直接的起源在於美國獨立宣言,「此憲法保障國民的基本人權」(第十一條)與「此憲法保障國民的自由及權利」(第十二條)同樣地總括性地處理基本人權,被解釋為從本條前段的個人尊重的觀點對此不同的說法。

幸福追求權的保障是否僅止於宣言性質?或者是擁有具體的法權利性質?關於此點,早期的判例並未表示明確的立場,即使是最高法院的內部,亦可見到:幸福追求權限定在第三章被列舉的個別基本人權的主張[25];反之,憲法的人權與自由的保障清單並非全面性,除此以外的名稱未被賦予的權利或者自由仍然存在,上述構成一般性質的自由或者是幸福追求權利的一部分的主張[26]。宍戶常壽指出[27]:

> 在下級審判例,憲法的自由保障規定並非限制列舉規定,

---

[24] 日本東京高等法院判決平成11年8月30日《訟務月報》第46卷第8號,頁3449。
[25] 日本最高法院大法庭判決昭和25年11月22日《最高裁判所刑事判例集》第4卷第11號,頁2380;栗山茂法官意見。
[26] 日本最高法院大法庭判決昭和33年9月10日《最高裁判所民事判例集》第12卷第13號,頁1969;田中耕太郎法官等的補充意見。
[27] 宍戶常壽〈第13条〉,戶松秀典=今井功編著,《論点体系 判例憲法 1:裁判に憲法を活かすために》,頁86。

在本來國民所享有的一般自由當中,未被記載在個別明文規定者,亦應該解釋為包含一般保障的旨趣,此由本條規定即可窺知,判決表示此種的旨趣[28];或者私事不受到任意公開的隱私權,作為「確保個人尊嚴,保障幸福追求上必要不可或缺者」加以承認的「宴會之後」事件第1審判決[29]等已經出現。

其後警官的團體示威照相攝影的適法性受到爭議的京都府學生聯盟事件最高法院判決,判決表示本條「可說是規定國民私生活上的自由,即使是針對警察權等的國家權力的行使亦應該受到保護」[30]。此項判決表示,可被理解為本條後段的幸福追求權作為「新人權」的根據。

目前的學說當中,「幸福追求權」乃是「包含其他所有的基本人權在內的總括性質基本權」,同時對於「未被其他基本人權條款保障的人權,承認具有補充且直接的法效力的理解,已廣泛確立」。然而,關於「幸福追求權的範圍」,除有「限定個人人格生存所不可或缺利益的立場」(人格利益說),與「廣及一般行為自由的立場」(一般自由權說)的對立外,至於具體何種的「新人權」受到本條的保障?又上述權利如何分類整理順序?對此,判例與學說並不存在明確的共識。

---

[28] 日本東京地方法院判決昭和38年7月29日《行政事件裁判例集》第14卷第7號,頁1316。
[29] 日本東京地方法院判決昭和39年9月28日《下級裁判所民事裁判例集》第15卷第8號,頁2317。
[30] 最高法院大法庭判決昭和44年12月24日《最高裁判所刑事判例集》第23卷第12號,頁1625。

4、「所謂的人格權為何種的權利?」的判例

所謂的人格權,係指「生命、身體、健康、名譽、姓名、肖像、隱私、自由、生活等,對於個人人格的本質各項利益的各個私法上的權利(個別人格權)或者總稱(一般人格權)」。宍戶常壽指出[31]:

> 北方雜誌事件最高法院判決,在論及以名譽毀損作為理由的出版品假停止處分的合憲性以及其要件時,提及關於「作為人格權的個人名譽的保護(憲法第13條)」[32]。此處的說明表示,雖然無法說是甚至承認本條乃是一般人格權的根據,但表示出包含名譽權在內的人格權乃至於人格利益的法保護,將國民做為個人加以尊重,保障幸福追求權日本條有密切關聯,而受到解釋。
> 該判決指出,名譽乃是與生命、身體同時是具有重大的保護法益,作為人格權的名譽權與物權同樣地乃是具有排他性的權利,作為針對人格權侵害的救濟,除損害賠償之外,侵害的排除以及侵害的預防目的的侵害行為的停止受到承認的旨趣,受到判決表示。

其他,基於「名譽、隱私、名譽感情的侵害,承認以人作為模特兒小說的停止處分」的案例[33],以及「生命、身體、財產等未受到侵害下以平穩生活的人格權作為根據,承認停止使用街頭

---

[31] 宍戶常壽〈第13条〉,戶松秀典=今井功編著,《論点体系 判例憲法 1:裁判に憲法を活かすために》,頁87。
[32] 日本最高法院大法庭判決昭和61年6月11日《最高裁判所刑事判例集》第40卷第4號,頁872。
[33] 日本最高法院第三小法庭判決平成14年9月24日《裁判所時報》第1324號,頁5。

宣傳車以及擴音器等進行不斷固執的街頭宣傳活動」的案例[34]等存在。

上述的人格權,並不止於私法上的權利,「根據本條亦作為針對國家的基本人權之一受到保障而受到解釋」。宍戶常壽指出[35]:

> 大阪國際機場公害訴訟第2審判決,判決表示「凡個人的生命、身體的安全、精神自由,乃是人類存在最基本的項目,在法律上絕對應該受到保護,乃是毋庸置疑,又既然是作為人類的生存,過著平穩、自由符合人性尊嚴的生活,亦應該受到最大限度的尊重,憲法第13條站在上述的旨趣上,該第25條與從反面對此做出依據,可作如此解釋。上述的個人的生命、身體、精神以及生活相關的利益,乃是各個個人格的本質利益,其總體可稱為是人格權,上述的人格權,任何人皆不允許對此任意侵害,對於上述的侵害,排除侵害的權能必須受到承認」[36]。

如上所述,「私人以及公權力的人格權乃至於人格利益的侵害的成立與否以及救濟受到爭議的判例,為數相當多」[37]。

---

[34] 日本東京地方法院判決平成11年8月27日《判例タイムズ》第1060號,頁228。
[35] 宍戶常壽〈第13条〉,戶松秀典=今井功編著,《論点体系 判例憲法 1:裁判に憲法を活かすために》,頁87-88。
[36] 日本大阪高等法院判決昭和50年11月27日《最高裁判所刑事判例集》第35卷第10號,頁1881。
[37] 日本最高法院肯定人格權侵害的判例有,最高法院第三小法庭判決平成12年2月29日《最高裁判所刑事判例集》第54卷第2號,頁582(耶和華見證人拒絕輸血訴訟);最高法院第一小法庭判決平成17年7月14日《最高裁判所刑事判例集》第59卷第6號,頁1569;最高法院第一小法庭判決平成24年2月2日《最高裁判所刑事判例集》第66卷第2號,頁89。

5、「在裁判中作為受到爭議的人格權乃至於人格利益的法保護為何？」的判例

以下將會提出肖像、隱私、自我決定之外，在判例上受到討論的「人格權乃至於人格利益」，有下列幾項。

在「名譽」方面，宍戶常壽指出[38]：

> 指出事實毀損名譽的行為受到《刑法》處罰[39]之外，作為不法行為法上的被侵害利益，受到明文承認[40]。最高法院的判決表示，「所謂《民法》第723條的名譽，關於人的品性、德性、名聲、信用等的人格價值，從社會受到的客觀評價，即所指的社會名譽，不包含人對於自己本身的人格價值所有的主觀評價，即名譽感情在內」[41]。理所當然地最高法院，名譽感情亦視為是構成人格權之一，承認其侵害符合不法行為[42]。此外，已在如第2個論點所考察，北方雜誌事件最高法院判決，在論及以名譽毀損作為理由的出版品的假停止處分的合憲性及其要件時，提及「作為人格權的個人名譽的保護（憲法第13條）」[43]。

---

[38] 宍戶常壽〈第13条〉，戶松秀典＝今井功編著，《論点体系　判例憲法　1：裁判に憲法を活かすために》，頁88。
[39] 刑法第230條。
[40] 民法第710條、第723條。
[41] 日本最高法院第二小法庭判決昭和45年12月18日《最高裁判所民事判例集》第24卷第13號，頁2151。
[42] 日本最高法院第三小法庭判決平成14年9月24日《裁判所時報》第1324號，頁5（「在石頭中游泳的魚」事件）；最高法院第一小法庭判決平成17年11月10日《最高裁判所民事判例集》第59卷第9號，頁2428。
[43] 最高法院大法庭判決昭和61年6月11日《最高裁判所民事判例集》第40卷第4號，頁872。

憲法從保障「表現自由」[44]的觀點，「名譽的保護與表現自由保障的調整」將成為問題。

在「姓名」方面，在電視播放中以日語讀出韓國人的姓名的違法性受到爭議的案例中，宍戶常壽指出[45]：

> 最高法院指出，姓名「乃是人作為個人應該受到尊重的基礎，為其個人人格的象徵，構成人格權的一個內容」，因此「關於人受到他人正確稱呼其姓名，具有可受到不法行為法上保護的人格利益」之後，甚至是不正確的稱呼只要在無特別的因素下，作為無違法性的行為受到容許承認的旨趣，受到判決表示[46]。此外最高法院判決表示，同樣地從人格權，人享有「其姓名不受他人冒用的權利」，又針對違法的侵害，除亦可要求侵害行為的停止外，此項權利的保障亦達及宗教法人的旨趣[47]。

在另一方面，最高法院指出，在無關《戶籍法》的規定下選擇姓名，可要求在戶籍上應該公告表示其姓名的一般自由乃至於權利，並不存在各自的國民，《戶籍法》第五十條關於子女的姓名課以限制，乃是限制個人姓名選擇的自由，主張違反本條，判決表示欠缺前提[48]。

---

[44] 第21條第1項。
[45] 宍戶常壽〈第13条〉，戶松秀典＝今井功編著，《論点体系 判例憲法 1：裁判に憲法を活かすために》，頁89。
[46] 日本最高法院第三小法庭判決63年2月16日《最高裁判所民事判例集》第42卷第2號，頁27。
[47] 日本最高法院第二小法庭判決平成18年1月20日《最高裁判所民事判例集》第60卷第1號，頁137。
[48] 日本最高法院第一小法庭決定昭和58年10月13日《最高裁判所裁判集民事》第140號，頁109。

此外，在下級審判例中，宍戶常壽指出[49]：

> 規定夫婦同姓氏的原則的《民法》第750條，即使截至目前仍具有合理性，判決並不違反本條以及第24條第1項的判例[50]；大學教授的公務員的服務以及勤務關係中，伴隨著婚姻登記的變動前的姓氏作為通稱姓氏加以使用的權利，無法斷定為受到本條的保障的判例[51]存在。再者，在郵局職員中姓名的表示的名牌的佩戴義務，既然是一般行動的自由，作為姓名權並無值得單獨保護的要素，在本案中因著姓名表示應該受到侵害的個人隱私亦不存在的旨趣，受到判決表示的判例[52]存在。

在「宗教上的人格權」方面，殉職自衛官的妻子，在違反其意願之下國家以及自衛隊外圍團體申請將丈夫送入護國神社進行聯合祭祀，主張由於該神社進行聯合祭祀，「導致自己的宗教上的人格權乃至於宗教上的隱私已經受到侵害」的案例，宍戶常壽指出[53]：

> 最高法院指出，對於聯合祭祀申請並不存在應該被視為是事實上強制的某種影響力已具備的特別因素的本案中，法利益的侵害存在與否，作為該神社與原告之間的私法上的關係，受到聯合祭祀的本身是否已經侵害法利益，應該進

---

[49] 宍戶常壽〈第13条〉，戶松秀典＝今井功編著，《論点体系　判例憲法　1：裁判に憲法を活かすために》，頁89。
[50] 日本岐阜家庭審判平成元年6月23日《家庭裁判月報》第41卷第9號，頁116。
[51] 日本東京地方法院判決平成5年11月19日《訟務月報》第40卷第12號，頁2879。
[52] 日本仙臺高等法院判決平成9年8月29日《労働判例》第40卷第4號，頁872。
[53] 宍戶常壽〈第13条〉，戶松秀典＝今井功編著，《論点体系　判例憲法　1：裁判に憲法を活かすために》，頁90。

行檢討下,指出「信教自由的保障,乃是根據任何人與自己信仰不相容的信仰擁有者的信仰的行為,上述行為藉由伴隨著強制或者不利益的賦予,只要不妨礙自己的信教自由下,應該可說是要求寬容。此事即使是在關於對過世配偶者的追思、安慰亡靈等的情形,亦為同樣。乃是因為某人作為其信仰的對象,或者根據自己所信仰的宗教追思某人,謀求其靈魂的安息等的宗教行為進行的自由,任何人皆受到保障所致」,判決表示「應該有作為宗教上的人格權的安寧的宗教環境下過著信仰生活的利益,無法將此立即做為法利益加以承認」[54]。此外,該判決的伊藤正己法官的反對意見是,「在現代社會,享有從他者不受自己不願意的刺激導致心神紊亂的利益,即心靈安靜穩妥的利益,亦有可能是不法行為法上,被侵害利益」下,以參與聯合祭祀申請的自衛隊職員的行為違反第20條第3項的判斷作為前提,主張應該承認允許原告的請求而受到矚目[55]。

此外,在因著內閣總理大臣參拜靖國神社而「蒙受精神痛苦」受到主張的案例中,宍戶常壽指出[56]:

最高法院,判決表示「人參拜神社行為的本身由於並非針對他人信仰生活等給予壓迫、干涉的性質,因此因著他人參拜特定的神社,導致自己的心情乃至於宗教上的感情受害,即使因此抱著不愉快的念頭,無法將此作為被侵害利

---

[54] 日本最高法院大法庭判決昭和63年6月1日《最高裁判所民事判例集》第42卷第5號,頁277(殉職自衛官聯合祭祀訴訟)。
[55] 可參照《日本國憲法》第20條。
[56] 宍戶常壽〈第13条〉,戶松功典=今井功編著,《論點体系 判例憲法 1:裁判に憲法を活かすために》,頁90。

益立即要求損害賠償」[57]。此外，該判決的瀧井繁男法官補充意見指出，「例如從對共同過著緊密生活的人的尊敬思慕的念頭，尊重該人的意志，如何祭祀該人的靈魂，對此個人所抱有的感情等，可以成為在法上應該受到保護的利益」，而受到矚目。

在「個人從他者受到自己不想要的刺激，心靈平靜安穩不受紊亂的利益（安寧的隱私）」方面，市政府經營的地下鐵車內廣告播放的聽取，作為乘客有不受到拘束的狀態下，「片面地受到強制是否符合人格權的侵害」受到爭議的案例中，宍戶常壽指出[58]：

最高法院，在本案事實關係下，該播放無法說是違法的旨趣，做出判決表示[59]。該判決的伊藤正己法官補充意見指出，「個人從他者因著自己不想要的刺激，心靈平靜安穩不受紊亂的利益」「可稱為是廣義的隱私」，將此「並非不可解釋為包含在總括性人權的幸福追求權（憲法第13條）當中」，並且指出「本來，隱私在公共場所其保護不得不是稀少淡薄，難免應該忍受的範圍將會變寬」，受到矚目。

再者，居住在殯儀館附近者，根據「在日常居住生活的場所的宗教感情平靜安穩相關的人格權乃至於人格利益」，請求針對

---

[57] 日本最高法院第二小法庭判決平成18年6月23日《訟務月報》第53卷第5號，頁1615。
[58] 宍戶常壽〈第13条〉，戶松秀典＝今井功編著，《論点体系 判例憲法 1：裁判に憲法を活かすために》，頁91。
[59] 日本最高法院第三小法庭判決昭和63年12月20日《最高裁判所裁判集民事》第155號，頁377。

業者更進一步講求設置「讓殯儀館的樣貌不被見到的隱蔽裝置的措施」的案例中，宍戶常壽指出[60]：

> 最高法院判決表示，「本案葬儀社的營業無法說是超過社會生活上應該忍受程度，侵害被上告人平靜安穩過著日常生活的利益」[61]。

在「作者藉由作品傳達其思想、意見等給公眾的利益」方面，市立圖書館管理員在藏書當中自己決定獨斷地廢棄原告所執筆的書籍等，以「人格利益受到侵害」作為理由，針對市政府，「損害賠償受到請求」的案例中，宍戶常壽指出[62]：

> 最高法院判決表示，「公立圖書館的圖書館職員將提供給閱覽的圖書，以作者的思想或者信條作為理由等，藉由不公正的處理加以廢棄，乃是不當地損害該作者藉由著作向公眾傳達其思想、意見等的利益」，「若有鑑於作者的思想自由、表現自由受到憲法所保障的基本人權，在公立圖書館，該作品受到提供閱覽的作者擁有上述的利益，乃是值得法保護的人格利益」，因此公務員關於圖書的廢棄，違反基本的職務上義務，藉由獨斷的評價或者個人的喜好，進行不公正的處理，成為《國家賠償法》上違法的旨趣[63]。

---

[60] 宍戶常壽〈第13条〉，戶松秀典＝今井功編著，《論点体系　判例憲法　1：裁判に憲法を活かすために》，頁91。
[61] 日本最高法院第三小法庭平成22年6月29日《裁判所時報》第1510號，頁4。
[62] 宍戶常壽〈第13条〉，戶松秀典＝今井功編著，《論点体系　判例憲法　1：裁判に憲法を活かすために》，頁91-92。
[63] 日本最高法院第一小法庭判決平成17年7月14日《最高裁判所民事判例集》第59卷第6號，頁1569。

在「討厭吸菸的權利」方面,針對日本國營鐵路,「禁煙車輛的設置」受到請求的案例中,宍戶常壽指出[64]:

> 東京地方法院判決表示,以針對人格權的侵害作為根據,請求停止乃至於預防措施,需要在現實上受到侵害的危險存在的情形下,國營鐵路客車內部因著被動吸煙的受害,乃是在忍受限度內[65]。

在「享有民族固有文化的權利」方面,伴隨著水壩建設工程權利取得裁決以及徵用裁決的取消訴訟中,各個裁決以及在上述裁決之前的事業認定時,水壩建設針對「愛努民族以及愛努文化的影響並未受到考慮存在違法」而受到主張的案例中,宍戶常壽指出[66]:

> 札幌地方法院,以本條對於各個個人所處在的條件的多樣性乃至於相異性作為前提,「將相異的個人,並非形式上的意義而是給予實質的尊重,在社會的一個場面,對於處在弱勢立場者,在該場面處在強大立場者在不驕傲之下謙虛地憐憫該弱者,構成與維持多樣的社會,整體發展,謀求幸福等」,再者參照聯合國社會權公約等,指出「對少數民族而言,民族固有的文化不同化於多數民族,維持該民族性的本質,因此對於屬於該民族的個人而言,享有民族固有文化的權利,亦可說是對於自己的人格生存必要的

---

[64] 宍戶常壽〈第13条〉,戶松秀典=今井功編著,《論点体系 判例憲法 1:裁判に憲法を活かすために》,頁92。
[65] 日本東京地方法院判決昭和62年3月27日《判例タイムズ》第630號,頁234。
[66] 宍戶常壽〈第13条〉,戶松秀典=今井功編著,《論点体系 判例憲法 1:裁判に憲法を活かすために》,頁92。

權利的重要,對此保障,乃是符合實質尊重個人的同時,多數者對於社會弱者給予理解與尊重上述立場,此乃是符合民主主義的理念」,判決表示本條保障「作為少數民族享有愛努民族固有的文化的權利」的旨趣[67]。

在「人生發展可能性不受損害的權利」方面,《麻瘋病預防法》之下,進入國立療養院的患者,以厚生大臣(當時)政策決定「執行的麻瘋病患者的隔離政策的違法」,「國會議員並未修改廢止該法的立法不作為的違法」等作為理由,「請求國家賠償」的案例中,宍戶常壽指出[68]:

> 熊本地方法院指出,該法所規定的隔離「給予該患者人生具有決定性的重大影響」,「作為人理所當然應該擁有的人生,所有發展可能性受到極大損害,上述人權的限制,橫跨作為人的整體社會生活」,「上述人權限制的實際狀態,在居住遷徙自由限制下,無法單純地做出正當的評估,以更為廣泛的憲法第13條作為根據的人格權本身的掌握與處理乃是相當」,進一步判決表示上述的人權限制,「應該以最大限度地慎重加以面對,必須是在預防傳染的目的下,除患者的隔離以外不存在適當的方法的情形;同時,應該僅有極其受到限定的特殊疾病方能受到許可」[69]。

---

[67] 日本札幌地方法院判決平成9年3月27日《訟務月報》第44卷第10號,頁1798(二風谷水壩訴訟)。
[68] 宍戶常壽〈第13条〉,戶松秀典=今井功編著,《論点体系 判例憲法 1:裁判に憲法を活かすために》,頁92-93。
[69] 日本熊本地方法院判決平成13年5月11日《訟務月報》第48卷第4號,頁1798(熊本麻瘋病訴訟)。

6、「所謂的環境權為何種的權利？」的判例

關於「環境權」，伴隨著高度成長的公害，或者針對環境受害的環境裁判當中，作為「新人權」之一而受到提倡，一般而言的定義是，「享受作為維持健康且舒適的生活的條件下良好環境，並對此支配的權利」。關於「良好環境的享受不受妨礙」此消極層面，本段後段的幸福追求權；關於「向公權力要求積極的環境保護與改善」此積極層面，則是第二十五條，作為其憲法上的根據而受到主張。宍戶常壽指出[70]：

> 大阪國際機場附近的居民針對該機場的設置與管理者的國家，以人格權及環境權作為根據，請求下午9點至隔天早上7點的機場使用停止，過去及將來損害賠償的案例[71]中，大阪高等法院以人格權作為根據，指出「人對於導致疾病等的身體侵害行為，本來即是，即使是針對遭受明顯的精神痛苦或者導致明顯生活上妨礙的行為，可要求排除上述侵害行為，又，該危害即使未現實化，當該危險迫切時，應該解釋為可要求事先禁止侵害行為，根據此人格權的妨礙排除以及妨礙預防請求權，可說可成為私法上的停止請求根據」，容許承認停止請求的同時，判決表示「關於原告等人所主張的環境權理論的適當與否，不進行判斷」[72]。

---

[70] 宍戶常壽〈第13条〉，戶松秀典＝今井功編著，《論点体系　判例憲法　1：裁判に憲法を活かすために》，頁93。
[71] 日本大阪國際機場公害訴訟。
[72] 日本大阪高等法院判決昭和50年11月27日《最高裁判所民事判例集》第35卷第10號，頁1881。

然而該事件最高法院判決,以基礎國營機場的管理作用具有公權力行使的層面作為理由,要求國家作為設置管理者的機場使用停止的本案訴訟,由於不可避免的亦包含航空行政權行使的取消變更乃至於要求其發動的請求在內,因此判決僅僅表示作為民事訴訟,不適法的旨趣,關於環境權的法權利性,則不進行判斷[73]。

即使是在其後的環境裁判,「從人格權作為獨立的權利,從正面承認環境權」的判例並未見到。宍戶常壽指出[74]:

最高法院,在根據人格權以及環境權,機場乃至於自衛隊基地提供使用停止受到請求的案例中,根據大阪國際機場公害訴訟判決的法理,並未承認民事停止[75];再者,針對國家,在美利堅合眾國軍隊所使用的航空機起降等的停止受到請求的案例中,該請求乃是針對國家無法支配的第三者的行為的停止進行要求,判決表示主張本身失當的旨趣[76]。

再者,在下級審判例中,「從正面否定環境權」的判例存在。宍戶常壽指出[77]:

---

[73] 日本最高法院大法庭判決昭和56年12月16日《最高裁判所民事判例集》第35卷第10號,頁1369。
[74] 宍戶常壽〈第13条〉,戶松秀典=今井功編著,《論点体系 判例憲法 1:裁判に憲法を活かすために》,頁94。
[75] 日本最高法院第一小法庭判決平成5年2月25日《最高裁判所民事判例集》第47卷第2號,頁643;最高法院第一小法庭判決評審6年1月20日《訟務月報》第41卷第4號,頁523。
[76] 日本最高法院第一小法庭判決平成5年2月25日《最高裁判所民事判例集》第47卷第2號,頁643;日本最高法院第一小法庭判決平成5年2月25日《最高裁判所裁判集民事》第167號,頁359。
[77] 宍戶常壽〈第13条〉,戶松秀典=今井功編著,《論点体系 判例憲法 1:裁

「將環境權作為違法的根據構成本案停止等的請求,環境權在現行實定法上無法承認為是具體的權利」,將火力發電廠的運轉停止以及填土的水面恢復原狀的訴訟判定為不適法[78]。對此,火力發電廠建設的停止受到要求的案例中,札幌地方法院雖然承認停止請求的適法性,但本條以及第25條第1項乃是「皆為綱領性規定」,「應該說是對於各個國民並非賦予針對國家的具體內容請求權的同時,針對國家以外者的私法上的某種具體請求權並非直接規定」,又無立法的現況中,環境「是否擁有立即可成為私權對象的明確且確定內容以及範圍?又,在法院適用法律時,已獲得國民承認的私法上的權利,是否應該認識與解釋為目前已經存在?並非毫無疑問」;反之,「環境破壞行為已經達到住民個人具體權利,即生命、固有健康、財產的侵害之虞時,(中間省略)因此各個個人的人格權、財產權的妨礙預防乃至於排除而受到發動,以此即為充足」,受到判決表示[79]。以噪音受害等作為理由的新幹線列車的減速行駛受到請求的案例中,名古屋高等法院雖亦承認停止請求的適法性,但判決表示「在實定法上不存在任何的根據,將權利的主體、客體以及內容的不明確的環境權,作為是具有排他性效力的私法上的權利,乃是危害法的安定性而不受到許可」[80]。在另一方面,以「作為人格權一種的和平穩定生活權」的侵害為根據,專業廢棄物

判に憲法を活かすために》,頁94-95。
[78] 日本福岡地方法院小倉分院判決昭和54年8月31日《判例タイムズ》第395號,頁45。
[79] 日本札幌地方法院判決昭和55年10月14日《判例タイムズ》第428號,頁145。
[80] 日本名古屋高等法院判決昭和60年4月12日《下級裁判所民事裁判例集》第34卷第1=4號,頁461。

最終處分廠的使用運轉停止假處分申請加以容許承認的判例[81]存在。

如上所述在「環境裁判」中,「否定」基於憲法上的根據的環境權的法權利性,「以人格權為首在私法上已確立的權利侵害成立與否,若加以檢討即已充分,乃是判例所確立的方向」。如上述判例傾向所表示,「司法的環境權的實現有其界限」。實際上,藉由「環境基本法」[82]、「循環型態社會形成推進基本法」[83]、「生物多樣性基本法」[84]的三個基本法以及許多的個別立法,「環境權的實現正在受到謀求」。

在「景觀權」方面,與在此指出的環境權不同,「享受景觀權乃至於良好的景觀恩澤的法利益」是否受到承認?受到爭議。宍戶常壽指出[85]:

> 最高法院早就承認,住宅的日照與通風作為舒適且健康生活上必要的生活利益,值得法保護[86]。再者,以日照、景觀等侵害作為理由,在建築物當中,超過高度20公尺的部分的撤除受到請求的案例中,最高法院,參照景觀法以及都市景觀條例的同時,判決表示「居住在接近良好景觀的區域內,日常享受其恩澤者(中間省略)享受永久的良好景觀的恩澤的利益(以下稱為「景觀利益」),值得法律

---

[81] 日本仙臺地方法院決定平成4年2月28日《判例タイムズ》第789號,頁107。
[82] 平成5年法律第91號。
[83] 平成12年法律第110號。
[84] 平成20年法律的58號。
[85] 宍戶常壽〈第13条〉,戶松秀典=今井功編著,《論点体系 判例憲法 1:裁判に憲法を活かすために》,頁95-96。
[86] 日本最高法院第三小法庭判決昭和47年6月27日《最高裁判所民事判例集》第26卷第5號,頁1067。

上的保護」；反之，「此景觀利益的內容，因著景觀的性質、樣態等有可能不同，伴隨社會的變化而變化的可能性存在，在現在的時間點上，具有可說是私法上的權利的明確實體，未受到承認，無法承認擁有超過景觀利益，『景觀權』此種權利性」[87]。

7、「所謂的『肖像權』為何種的權利？」的判例

在「容貌等不受恣意攝影與錄影的自由」方面，宍戶常壽指出[88]：

> 京都府學生聯盟事件最高法院判決，指出本條針對國家權力保護「個人私生活上的自由」之後，判決表示「應該說是作為個人私生活上的自由之一，任何人皆享有在無其承諾下，其容貌姿態（以下稱為「容貌等」）不受恣意攝影的自由。是否將此稱為肖像權暫且不論，至少，警察在無正當理由下，攝影個人的容貌等，違反憲法第13條的旨趣，必須說是不受允許」。再者「個人享有的上述自由，並非從國家權力的行使毫無限制地受到保護，在公共福祉的目的下必要的情形，受到相當的限制，參照該條的規定乃是明顯」，由於犯罪搜查在公共福祉目的下警察被賦予的國家作用，指出「警察在犯罪搜查的必要上攝影照相時，在對象當中不僅是犯人甚至亦包含第三者的個人容貌等在內，受到容許的情形有可能存在」，承認在現行犯的

---

[87] 日本最高法院第一小法庭判決平成18年3月30日《最高裁判所民事判例集》第60卷第3號，頁948。
[88] 宍戶常壽〈第13条〉，戶松秀典＝今井功編著，《論点体系　判例憲法　1：裁判に憲法を活かすために》，頁96。

情況下警察針對嫌疑犯攝影照相的適法性[89]。

日本最高法院伊藤正己法官，提出自身的補充意見如下[90]：

不願他人知道的個人資訊，即使是符合真實，作為他者的隱私，受到法律上的保護，不允許恣意地受到公開，違法的侵害他人的隱私，不得不說是構成不法行為。此事即使是由私人的公開，或者是國家或者地方公共團體的公開，皆無二致。國家或者地方公共團體，從行政上的要求等公共利益上的必要性，收集與保管個人的資訊，雖然是日益增大，但與此同時，受到蒐集的資訊恣意地受到公開，在隱私不受侵害的目的下，嚴格地進行資訊管理的必要性亦升高。最近，國家或者地方公共團體所保管的資訊，針對廣泛公開上述資訊的要求日益增強。然而，此並未減退個人隱私的重要性，保管屬於個人祕密的資訊的機關，不侵害隱私此種特別的要求必須受到慎重地考量。

關於上述伊藤正己法官的補充意見，明確將日本最高法院的裁判案例旨趣未曾出現的隱私侵害做出明白的表示，將多數意見做出更為明確化的定位[91]。

其後，關於「警察的攝影與錄影的適法性」的判例為數相當多。宍戶常壽指出[92]：

---

[89] 日本最高法院大法庭判決昭和44年12月24日《最高裁判所刑事判例集》第23卷第12號，頁1625。
[90] 山本龍彥〈プライバシーの権利〉，木下昌彥編集代表，《精讀憲法判例—人權編》（東京都：弘文堂，2019年），頁8-9。
[91] 伊藤正己，《裁判官と学者の間》（東京都：有斐閣，1993年），頁228-229。
[92] 宍戶常壽〈第13條〉，戶松秀典＝今井功編著，《論点体系 判例憲法 1：裁判に憲法を活かすために》，頁96-97。

最高法院,違反速度限制車輛的自動攝影裝置(ORBIS)對於開車者的容貌照相攝影為適法,確認京都府學生聯盟事件判決的旨趣判決明顯[93]。相對於此,警察署派出所前事先設置的電視照相機的攝影與錄影的適法性受到爭議的案例中,東京高等法院指出,京都府學生聯盟事件判決,「不過是根據其具體的案例,警察的照相攝影受到容許許可的要件做出判決表示而已,只要不具備此要件,即使在任何的情況,犯罪搜查目的的照相攝影不被容許許可的旨趣並未包含在內」,判決表示「目前犯罪受到進行的時間點以前,犯罪的發生受到預測的場所,持續且自動攝影與錄影亦受到許可」[94]。最高法院亦未做出以下的判決表示,即京都府學生聯盟事件判決以及昭和61年最高法院判決,「警察對人的容貌等的攝影目前犯罪受到進行或者進行之後不久被承認的情形之外,不受到許可的旨趣」,限定其射程範圍下,公共道路上或者柏青哥店內,指出乃是「人從他人容貌等受到觀察的本身不得不忍受的場所」,判決表示上述場所的嫌疑犯的容貌等錄影機攝影為適法[95]。再者,關於國家在道路上設置與管理的汽車車牌號碼自動讀取系統(N系統),在容貌等拍攝影像本身不會受到記錄與保存此種機制的前提下,判決表示「藉由N系統終端,在無承諾下,其容貌等不受恣意攝影的自由受到侵害不被承認」的下級審判例存在。此外該判決亦駁斥,N系統侵害以本條作為根據的資訊隱私權乃至於自由移動

---

[93] 日本最高法院第二小法庭判決昭和61年2月14日《最高裁判所刑事判例集》第40卷第1號,頁48。
[94] 日本東京高等法院判決昭和63年4月1日《判例タイムズ》第681號,頁228。
[95] 日本最高法院第二小法庭決定平成20年4月15日《最高裁判所刑事判例集》第62卷第5號,頁1398。

權利的主張[96]。

此外，如同上述事件，並非犯罪搜查目的，關於在「犯罪預防目的下的攝影錄影，作為情報活動的一環，利用攝影機」，基本上雖然是「警察的裁量」，但在「與國民的各種各樣權利與利益的關係上有其界限」，攝影機的監視特質亦應加以考量，因此應該要滿足：（1）「目的的正當性」；（2）「客觀性與具體的必要性」；（3）「設置狀況的妥當性」；（4）「設置與使用的效果存在」；（5）「使用方法的相當性」此種的要件下，從「京都府學生聯盟事件判決的旨趣」觀之，「只要不存在特別的因素」，犯罪預防目的的攝影不受許可，做出此種判決表示的下級審判例[97]存在。宍戶常壽指出[98]：

> 「關於私人相互關係，憲法第13條雖然未直接受到適用，但個人擁有的肖像權，即使是在私人相互之間，可要求以該條作為基礎的重要權利，而必須受到尊重」，但「個人擁有的肖像權等亦在一定的情形受到限制」下，24小時便利商店經營者藉由防止犯罪攝影機攝影購買物品顧客的樣貌，將該影像錄製在錄影帶中，一定期間加以保留以及對於犯罪搜查的合作要求加以回應，將該錄影帶向警察提出，無法說是違法的判例[99]存在。

---

[96] 日本東京地方法院判決平成13年2月6日《判例時報》第1748號，頁144。
[97] 日本大阪地方法院判決平成6年4月27日《判例タイムズ》第861號，頁160。
[98] 宍戶常壽〈第13條〉，戶松秀典＝今井功編著，《論点体系　判例憲法　1：裁判に憲法を活かすために》，頁97-98。
[99] 日本名古屋地方法院判決平成16年7月16日《判例タイムズ》第1195號，頁191。

在「私人間容貌等不受恣意攝影與公開的利益」方面，宍戶常壽指出[100]：

> 最高法院，在參照京都府學生聯盟事件判決的同時，人享有「關於自己的容貌等不受恣意攝影，法律上應該受到保護的人格利益」的一方面，「人的容貌等的攝影作為正當採訪行為等亦應該受到許可的情形亦存在，某人的容貌等在無其承諾下進行攝影是否在不法行為法上成為違法？綜合考量到被攝影者的社會地位、受到攝影的被攝影者的活動內容、攝影的場所、攝影的目的、攝影的樣態、攝影的必要性等，被攝影者上述人格利益的侵害是否可說超越社會生活上忍受的限度？應該判斷之後加以決定」，再者「人亦享有，自己的容貌等已受到攝影的照片不受恣意公開的人格利益」，但指出「人的容貌等的攝影受到違法的評價時，該容貌等已受到攝影的照片加以公開的行為，作為侵害被攝影者上述人格利益，具有違法性」，在法庭上受到手銬腰間受到鎖鏈的狀態的嫌疑犯的容貌等，在無其承諾下加以攝影，並且公開的寫真週刊雜誌的行為的違法性以加以承認[101]。

在「Publicity權」方面，宍戶常壽指出[102]：

---

[100] 宍戶常壽〈第13条〉，戶松秀典＝今井功編著，《論点体系　判例憲法　1：裁判に憲法を活かすために》，頁98。
[101] 日本最高法院第一小法庭判決平成17年11月10日《最高裁判所民事判例集》第59卷第9號，頁2428。
[102] 宍戶常壽〈第13条〉，戶松秀典＝今井功編著，《論点体系　判例憲法　1：裁判に憲法を活かすために》，頁98-99。

捌、個人的尊重、生命自由幸福追求權與公共的福祉（《日本國憲法》第13條）　135

最高法院指出,「人的姓名、肖像等(以下合併稱為「肖像等」),由於是個人人格的象徵,該個人根據人格權的由來,享有此不受恣意利用的權利,而受到解釋」下,「肖像等,有時會擁有促進商品販賣等的顧客吸引力,排他性地利用上述顧客吸引力的權利(以下稱為「Publicity權」),由於根據肖像等本身的商業價值,構成來自上述人格權的權利的部分內容」的一方面,肖像等具有顧客吸引力者,由於「其使用作為正當的表現行為等有時亦應加以忍受」,判決表示「任意使用肖像等的行為,(1)獨立肖像等的本身,成為鑑賞對象的商品等加以使用;(2)謀求商品等的差別化目的下將肖像等作為商品等;(3)肖像等作為商品等的廣告加以使用等,可說是以專門有肖像等的顧客吸引力的利用作為目的時,作為侵害Publicity權,成為不法行為法上的違法」[103]。

如上所述,判例雖然未從正面承認「肖像權」,但本條所保障的「私生活上的自由」之一,再者包含在人格權內的「肖像不受恣意利用的權利」在「公法與私法上皆承認」,可說藉此謀求對其的保護。

8、「所謂的隱私權為何種的權利?」的判例

在「總論」方面,宍戶常壽指出[104]:

隱私權基本上在美國,作為「讓我一個人且不要管我的權

---

[103] 日本最高法院第一小法庭判決平成24年2月2日《最高裁判所民事判例集》第66卷第2號,頁89。
[104] 宍戶常壽〈第13条〉,戶松秀典=今井功編著,《論点体系 判例憲法 1:裁判に憲法を活かすために》,頁99-100。

利」而發展。其核心的私生活保護，直接受到通訊的祕密（第21條第2項）[105]、居家不可侵犯（第35條），再者從思想良心的自由（第19條）[106]、結社的自由（第21條第1項）以及禁止不利益筆錄強制（第38條第1項）間接地受到導出，但在今日，隱私權被認為是從本條的幸福追求權所導引出的獨立已確立的權利。隱私權有時被使用在最廣義上亦包含人格權或者自我決定權在內的概念，但在此根據一般學說的理解，作為支配自己人格生存相關的重要資訊的權利，作為更限定的理解。如上所述理解隱私權的情形中，此在私法上，作為人格權的一個內容而受到處理的同時，被整理為亦包含已經處理的姓名、肖像的保護，但明白指出後者觀點的判例截至目前仍未見到，又避免重複論述的目的下，……隱私雖然亦與名譽重疊，在保護與社會評價無關的私人領域乃至於資訊的觀點上，與名譽受到區別。

在作為「私生活不受恣意公開的權利」的私法上的隱私方面，宍戶常壽指出[107]：

在判例中首先，作為私法上的權利的隱私權已受到承認。「宴會之後」事件第1審判決，從「近代法的根本理念之一，又亦為《日本國憲法》所依據之處的個人尊嚴此種的

---

[105] 關於在旁收聽電話的合憲性的日本最高法院第三小法庭決定平成11年12月16日《最高裁判所刑事判例集》第53卷第9號，頁1327。
[106] 共產黨或者其支持者者的從業人員進行監視讓其孤立等的公司行為，判決符合侵害思想信條的自由以及隱私等的人格利益的不法行為。日本最高法院第三小法庭判決平成7年9月5日《裁判所時報》第1154號，頁1。
[107] 宍戶常壽〈第13条〉，戶松秀典＝今井功編著，《論点体系　判例憲法　1：裁判に憲法を活かすために》，頁100。

捌、個人的尊重、生命自由幸福追求權與公共的福祉（《日本國憲法》第13條）　　137

思想，相互的人格受到尊重，唯有藉由不受不當的干涉自我受到保護，方能確實，因此無正當的理由，公開他人的私事絕不受到許可」，隱私的「尊重已不止於單純的倫理要求，針對不法的侵害，甚至可提升為給予法的救濟的人格利益，此種的思考乃是正當，此雖然可含攝在所謂的人格權內，並不妨礙將此稱為是一個權利」，承認作為「私生活不受恣意公開的法保障乃至於權利」的隱私權。再者作為針對隱私侵害的救濟要件，判決表示「受到公開的內容有必要是：（イ）私生活上的事實或者是私生活上的類似事實受到接受之疑慮存在的事項；（ロ）以一般人的感受性作為基準站在該私人的立場時被認為不願公開的事項；換言之以一般人的感覺基準受到公開造成心理上的負擔，被認為是不安的事項；（ハ）尚未被一般的人們知道的事項，有必要是因著上述的公開該私人實際上覺得不愉快、不安的念頭」[108]。

日本最高法院，在因著「寫實作品將使用實際姓名前科受到發表的損害賠償受到請求」的案例方面，宍戶常壽指出[109]：

承認「針對恣意（中間省略）前科等相關事實不受公布，值得法保護的利益」的一方面，亦指出前科的公布有時亦應該受到許可，判決表示「某人的前科等相關事實使用實際姓名在著作物中公布，是否構成不法行為？不僅該者其後的生活狀況，關於事件本身的歷史或者社會意義、該當

---

[108] 日本東京地方法院判決昭和39年9月28日《下級裁判所民事裁判例集》第15卷第9號，頁2317。
[109] 宍戶常壽〈第13条〉，戶松秀典＝今井功編著，《論点体系　判例憲法　1：裁判に憲法を活かすために》，頁100-101。

事者的重要性、該者的社會活動以及其影響力,參照其著作物的目的與性質等使用實際姓名的意義以及必要性亦應一併判斷,結果是,關於前科等的事實不受公布的法律意義被認為優越時,必須說是可要求受到該公布蒙受的精神痛苦的賠償」[110]。犯罪時為少年者的犯罪樣態、經歷等記載的報導,使用類似實際姓名的假名刊登在週刊雜誌,對此損害賠償受到請求的案例中,最高法院,關於先前的前科說明表示更進一步提及一般的隱私,判決表示「關於隱私的侵害,該事實不受公布的法利益以及公布此的理由進行比較衡量,當前者優越於後者時,不法行為成立」[111]。此外,根據隱私的侵害表現行為的停止雖然亦受到承認[112],但關於其可否的判斷,在下級審判例中存在著,應該進行綜合比較衡量[113],(1)無法說是關於公共利害相關事項的相關者;(2)並且非專以謀求公共利益為目的者至為明顯;(3)對於受害者有重大明顯難以恢復蒙受損害之虞,作為要件者[114],尚未見到一致。

在「公法上關係的隱私」方面,宍戶常壽指出[115]:

---

[110] 日本最高法院第三小法庭判決平成6年2月8日《最高裁判所民事判例集》第48卷第2號,頁149(寫實小說「逆轉」事件)。
[111] 日本最高法院第二小法庭判決平成15年3月14日《最高裁判所民事判例集》第57卷第3號,頁229(長良川事件)。
[112] 日本最高法院第三小法庭判決平成14年9月24日《裁判所時報》第1324號,頁5(「在石頭中游泳的魚」事件)。
[113] 日本東京高等法院決定昭和45年4月13日《高等裁判所民事判例集》第23卷第2號,頁172(「情慾+虐殺」事件)。
[114] 日本東京高等法院決定平成16年3月31日《判例タイムズ》第1157號,頁138(週刊文春事件)。
[115] 宍戶常壽〈第13条〉,戶松秀典=今井功編著,《論点体系 判例憲法 1:裁判に憲法を活かすために》,頁99-100。

關於公權力對於隱私侵害,繼續關於肖像京都府學生聯盟事件最高法院判決[116]之後,最高法院指出,「前科以及犯罪經歷(以下稱為「前科等」)乃至直接關於人的名譽、信用的事項,有前科等者亦擁有此不受恣意公開此種法律上值得保護的利益,市區町村長不得恣意洩漏本來在選舉資格的調查目的下製作保管的犯罪人名簿上所記載的前科等」,政令指定都市的區長廣泛地根據律師法第23條之2回應前科以及犯罪經歷的照會,判決表示在《國家賠償法》上違法[117]。再者最高法院指出,「根據憲法第13條,國民在違反自己的意志下,屬於隱私的資訊不受公權力公開此種利益,認為應該受到憲法上的尊重,即使如此,上述般的隱私利益亦非絕對毫無限制,處在公共福祉的制約之下」,郵政物品中的信件以外的物品成為海關檢查的對象,判決表示「基於公共福祉的要求不得不的措施,隱私的利益亦在此限制下受到制約」[118]。

在「《外國人登錄法》[119]第十四條第一項、第十八條第一項第八款的合憲性受到爭議」的案例方面,宍戶常壽指出[120]:

最高法院指出,「指紋乃是指尖的紋路,其本身雖然並非是關於個人私生活或者人格、思想、信條、良心等個人內

---

[116] 日本最高法院大法庭判決昭和44年12月24日《最高裁判所刑事判例集》第23卷第12號,頁1625。
[117] 日本最高法院第三小法庭判決昭和56年4月14日《高等裁判所民事判例集》第35卷第3號,頁620。
[118] 日本最高法院第一小法庭判決平成元年4月13日《最高裁判所裁判集民事》第156號,頁549。
[119] 昭和57年法律第75號改正前。
[120] 宍戶常壽〈第13條〉,戶松秀典=今井功編著,《論点体系 判例憲法 1:裁判に憲法を活かすために》,頁102-103。

心相關資訊,但在性質上擁有萬人不同性,終身不變性,因此根據受到採取的指紋的利用方法,具有個人私生活或者隱私受到侵害的危險性」下,「憲法第13條的規定是,國民的私生活上的自由乃是針對國家權力行使應該受到保護,而受到解釋,因此作為個人私生活上的自由之一,任何人皆享有指紋按壓不受強制的自由」,該法所規定的居留外國人的指紋按壓制度,在立法目的上具有充分的合理性與必要性,又並且使用未超過一般受到容許限度的相當方法,駁斥本條違法的主張[121]。再者最高法院,根據本條「違反個人意志恣意地屬於隱私資訊的公開表示不受公權力強制的利益」應該受到尊重,即使如此,針對外國人,規定在外國人登記原來票證上登記的事項的確認申請作為義務制度的《外國人登錄法》第18條第1項第1款以及昭和62年法律第102號改正前的《外國人登錄法》第11條第1項,除有立法目的的合理性與必要性外,包含職業、工作場所等的資訊在內的確認事項,「皆無法說是與人的人格、思想、信條、良心等的內心相關資訊」認為使用相當的方法,判決表示不違反本條的旨趣[122]。

針對市長在住民票上登記非嫡生子與戶長的關係為「兒子」的行為,主張違反本條以及第十四條,「國家賠償受到要求」的案例方面,宍戶常壽指出[123]:

---

[121] 日本最高法院第三小法庭判決平成7年12月15日《最高裁判所刑事判例集》第49卷第10號,頁842;最高法院第一小法庭判決平成8年2月22日《訟務月報》第43卷第2號,頁754;最高法院第三小法庭判決平成10年11月10日《判例地方自治》第187號,頁96。
[122] 日本最高法院第一小法庭判決平成9年11月17日《最高裁判所刑事判例集》第51卷第10號,頁855。
[123] 宍戶常壽〈第13条〉,戶松秀典=今井功編著,《論点体系 判例憲法 1:裁

最高法院指出,即使在住民票中與戶籍同樣地區別嫡生子與非嫡生子,做出關係的登記的住民基本帳簿事務處理要領的規定,無法說是明顯地錯誤解釋住民基本帳簿法,在未檢討隱私權侵害的成立與否下,駁回請求[124]。

關於「公權力對於隱私權的侵害進行處理」的下級審判例,宍戶常壽指出[125]:

> 有在犯罪搜查時,警察調查嫌疑犯的律師所屬的團體與政黨,記載在搜查報告書中的行為等,判決為侵害隱私[126];根據進行無差別大量殺人行為的團體的規制相關法律的觀察處分,若亦合併「無法說是正當化隱私干涉所必要的事前手續以及事後的救濟手續缺乏」時,判決不違反關於隱私的憲法上的保障[127];警視廳委託警察醫院,對於受僱用為警察者,恣意地進行HIV抗體檢查,在未經本人同意下受到進行,且其合理必要性亦未受到承認,因此判決侵害隱私[128];公安調查廳在掌握前職員動向的目的下,以24小時體制監視其住所宅第,在外出時進行跟蹤等,隱私侵害程度極大的一方面,其目的將上述侵害加以正當化的根據薄弱等進行綜合考量,隱私侵害的受害已超過忍受限度,判決違法的判例[129]等存在。

判に憲法を活かすために》,頁103。
[124] 日本最高法院第一小法庭判決平成11年1月21日《最高裁判所裁判集民事》第191號,頁127。
[125] 宍戶常壽〈第13条〉,戶松秀典＝今井功編著,《論点体系　判例憲法　1：裁判に憲法を活かすために》,頁103。
[126] 日本東京高等法院判決平成12年10月25日《訟務月報》第49卷第7號,頁1895。
[127] 日本東京地方法院判決平成13年6月13日《訟務月報》第48卷第12號,頁2916。
[128] 日本東京地方法院判決平成15年5月28日《判例タイムズ》第1136號,頁114。
[129] 日本東京高等法院判決平成16年2月25日《判例時報》第1860號,頁70。

在「自我資訊支配的隱私」方面，在此之前舉出的「隱私保護」，對於「個人私人領域不受他者進入」此種消極層面極強。然而，伴隨著資訊化社會的進展，「積極地支配自我資訊流通的權利（自我資訊支配權）應該理解為隱私權的傾向增強」，1970年代以後大多數的地方公共團體已制定《個人資訊保護條例》，宍戶常壽指出[130]：

> 即使是在下級審判例，他人保有的個人資訊，違反真實且不正當，其程度超過社會忍受限度，個人超過社會忍受限度蒙受損害時，個人根據名譽權乃至於人格權，針對該他人，得以請求該資訊的訂正與塗銷的情形存在的旨趣加以說明表示[131]為首，參照本條的理念，不願意受他人知道的個人私人事項恣意地針對不特定或者多數人受到公布，或者洩漏給第三者不受允許的要求，不僅止於國民與國家之間的關係，即使是在私法上的法律關係上，說明表示亦值得保護的旨趣[132]；任何人，作為個人私生活上自由之一，雖然享有「在其無承諾下，受到公權力恣意地關於私生活的資訊不受到收集與管理的自由」，公權力對於國民私生活相關資訊的蒐集與管理是否違反本條的旨趣，應綜合考量：（1）受到公權力取得、保有與利用資訊的性質；（2）公權力的資訊取得、保有與利用的目的的正當性；（3）公權力的資訊取得、保有與利用的方法的正當性，而後進行判斷等的判例[133]出現。

---

[130] 宍戶常壽〈第13条〉，戶松秀典＝今井功編著，《論点体系　判例憲法　1：裁判に憲法を活かすために》，頁104。
[131] 日本東京高等法院判決昭和63年3月24日《判例タイムズ》第664號，頁260。
[132] 日本東京地方法院判決平成3年3月28日《判例タイムズ》第766號，頁232。
[133] 日本東京地方法院判決平成13年2月6日《判例時報》第1748號，頁144。

最高法院，亦針對「私立大學作為中華人民共和國國家主席演講會的主辦者，招募學生成為參加者時所收集的學籍號碼、姓名、住址以及電話號碼相關資訊，恣意地將申請參加者向警察公開表示的行為，損害賠償受到請求」的案例方面，宍戶常壽指出[134]：

> 上述的資訊「乃是進行個人識別等目的的單純資訊，在此限度內應該受到隱匿的必要性未必高」，但「即使關於上述的個人資訊，本人，自己不願意的他人恣意地將此受到公開表示的想法乃是自然，對此事的期待應該受到保護，因此本案個人資訊作為上告人等隱私相關資訊成為法保護的對象」，「上述隱私相關資訊根據處理的方式，有損害個人人格權利利益之虞者，因此有必要慎重地受到處理」進行判決表示[135]。此處的說明表示，被認為是呈現出對自我資訊支配權的理解。

　　關於根據「平成十一年法律第一一三號的住民基本帳簿法」的修正，宍戶常壽指出[136]：

> 市町村所保有的住民基本帳簿上的本人確認資訊[137]受到全國伺服器的轉達與保存，關於行政機關所管理與利用成為可能的住民基本帳簿網絡系統（以下簡稱為「住民基本帳

---

[134] 宍戶常壽〈第13条〉，戶松秀典＝今井功編著，《論点体系　判例憲法　1：裁判に憲法を活かすために》，頁104-105。
[135] 日本最高法院第二小法庭判決平成15年9月12日《最高裁判所民事判例集》第57卷第8號，頁973。
[136] 宍戶常壽〈第13条〉，戶松秀典＝今井功編著，《論点体系　判例憲法　1：裁判に憲法を活かすために》，頁105。
[137] 姓名、出生年月日、性別、住址、住民證號碼以及變更資訊。

簿制度」），主張侵害隱私權違反本條，許多的訴訟受到提起。當中的大阪高等法院，住民基本帳簿制度當中，住民個別個人的許多隱私資訊在本人未期待的時間與範圍下，受到行政機關保有與利用的危險存在，作為行政目的實現的手段，不具有合理性，顯著地威脅到人格自律，指出明顯侵害隱私權，承認與容許住民基本帳簿的住民證號碼的刪除請求[138]。

關於該事件「最高法院」的判決，宍戶常壽指出[139]：

本條所保障的「作為個人私生活上的自由之一，任何人亦享有關於個人資訊不受恣意第三者公開表示或者公布的自由」，但住民基本帳簿制度的本人確認資訊，乃是「人在經營社會生活上，對於一定範圍的他者理所當然地受到公開表示受到預定的個人識別資訊」等，並非關於個人內在的隱匿性高度資訊，由於住民基本帳簿制度存在系統技術上或者法制度上的不完備，因此無法說是本人確認資訊不基於法令等的根據或者逾越正當的行政目的範圍，受到第三者公開表示與公布的具體危險會產生，判決表示住民基本帳簿制度不違反本條的旨趣[140]。該判決作為「個人私生活上的自由」之一，僅止於承認個人資訊不受恣意公開表示與公布的自由乃是憲法上的自由，雖然並未從正面承認

---

[138] 日本大阪高等法院判決平成18年11月30日《最高裁判所民事判例集》第62卷第3號，頁777。
[139] 宍戶常壽〈第13条〉，戶松秀典＝今井功編著，《論点体系　判例憲法　1：裁判に憲法を活かすために》，頁105。
[140] 日本最高法院第一小法庭判決平成20年3月6日《最高裁判所民事判例集》第62卷第3號，頁665（居民基本帳簿制度訴訟）。

自我資訊支配權學說,但在個人資訊洩漏等的具體危險存在時,資訊的取得、管理、利用得以成為違憲的前提加以採用的論點上,值得矚目。

如上所述,作為「私生活不受恣意公開的權利」的隱私權既已確立,逐漸地在「積極地資訊支配權的層面上亦會受到承認,被認為是判例的現狀」。即使「隱私權作為自我資訊支配權」受到理解,包含「私人間的關係在內其實效的保障或者行使的目的下,需要立法措施」。除地方公共團體的個人資訊保護條例之外,「關於個人資訊保護的法律」[141]、「行政機關所保有的個人資訊保護相關法律」[142]受到制定,在上述法律下,個人資訊的保護受到謀求。然而,「資訊的自由流通」不是「受到必要以上的損害」,就是「無法充分對應處理網際網絡等的進展」等,「個人資訊保護法制度有必要不停止地重新評估」,「憲法上的隱私權」,亦有可能成為上述評估的方針。

9、「所謂的自我決定權為何種的權利?」的判例

所謂「自我決定權」,乃是關於「個人人格自律的事項可以由個人自律地決定的自由」,被認為受到本條「幸福追求權」的保障,宍戶常壽指出[143]:

> 「耶和華見證人」的信徒患者在手術之前,基於信仰上的理由期待絕對不輸血的旨趣的意志做出表明,儘管如此,醫師並未說明「雖然盡可能不輸血,但在輸血以外若

---

[141] 平成的15年法律第57號。
[142] 平成的15年法律第58號。
[143] 宍戶常壽〈第13条〉,戶松秀典=今井功編著,《論点体系 判例憲法 1:裁判に憲法を活かすために》,頁106。

無救命手段的事態時則輸血」的治療方針，在手術中進行輸血，對此損害賠償受到請求的案例中，東京高等法院，從「各個個人擁有自己人生內涵可自行決定的自我決定權」，關於本案手術的進行，必須獲得患者的同意，醫師有義務應該公開表示必要的資訊，向患者說明的旨趣，做出判決表示[144]。該判決從正面承認自我決定權的論點上，並在傍論指出「選擇所謂尊嚴死的自由應該受到承認」的論點受到矚目。對此該事件最高法院判決，指出「患者接受輸血違反自己的宗教上的信念，拒絕伴隨輸血的醫療行為的明確意志存在時，進行上述意志決定的權利，作為人格權的內容之一必須受到尊重」，承認醫師違反說明義務[145]。如上所述，判例並未從正面承認一般的自我決定權，而不過是在醫療關係上根據informed and consent法理，醫師的說明義務受到承認[146]。此外，所謂的混合診療保險給付外的原則作為內容的《健康保險法》的解釋，「雖然無法說是不當侵害患者的治療選擇的自由」，但駁斥違反本條主張的最高法院判決[147]，亦被認為是應該理解為關於自我決定權的說明表示。

此外，「性別同一性障礙者的性別處理的特例相關法律」第三條第一項第三款[148]，關於性別同一性障礙者性別的處理變更受

---

[144] 日本東京高等法院判決平成10年2月9日《高等裁判所民事判例集》第51卷第1號，頁1。
[145] 日本最高法院第三小法庭判決平成12年2月29日《最高裁判所民事判例集》第54卷第2號，頁582（耶和華見證人拒絕輸血訴訟）。
[146] 日本最高法院第三小法庭判決平成13年11月27日《最高裁判所民事判例集》第55卷第6號，頁1154。
[147] 日本最高法院第三小法庭判決平成23年10月25日《最高裁判所民事判例集》第65卷第7號，頁2923。
[148] 平成20年法律的70號改正前。

到承認目的的「要件」是，要求「目前不存在子女」的合憲性受到爭議的案例，宍戶常壽指出[149]：

> 大阪高等法院「性別乃是與人格生存或者人格自律相關，即使是受到憲法第13條一般的保障範圍所包含解釋的餘地存在，但關於性別變更的處理法規定三款要件，被認為其有合理的根據」既然如此，判決表示並不違反本條的旨趣[150]；該事件最高法院決定亦駁斥本條違反的主張[151]。

10、「『對人格生存而言被認為並非重要的行為的自由』是否受到本條的保護？」的判例

在「初期的最高法院」方面，宍戶常壽指出[152]：

> 使用爆炸物或者有毒物採捕水產動植物的持有加以禁止的舊漁業法以及該法施行規則[153]第47條，認為是在公共福祉目的上必要者，駁斥本條違反的主張[154]；此外賭博行為看似亦屬於「放任個人的自由行為」，但有害構成健康且文化社會基礎的勤勞美德風氣，誘發副作用的犯罪或者甚至是給予國民經濟機能重大的障礙之虞存在，認為「違反公共福祉」，駁斥《刑法》第186條第2項違反本條的主

---

[149] 宍戶常壽〈第13条〉，戶松秀典＝今井功編著，《論点体系　判例憲法　1：裁判に憲法を活かすために》，頁107。
[150] 日本大阪高等法院決定平成19年6月6日平成19年（ラ）公共刊物未登載。
[151] 日本最高法院第三小法庭決定平成19年10月19日《家庭裁判月報》第60卷第3號，頁36。
[152] 宍戶常壽〈第13条〉，戶松秀典＝今井功編著，《論点体系　判例憲法　1：裁判に憲法を活かすために》，頁108。
[153] 明治43年農商務省令第25號。
[154] 日本最高法院大法庭判決昭和25年10月11日《最高裁判所刑事判例集》第4卷第10號，頁2029。

張[155]。

相對於此,對於「《監獄法施行規則》第九十六條中未受判決暫時拘留而受到拘禁者,禁止抽菸的規定是否違反本條受到爭議」的案例方面,宍戶常壽指出[156]:

> 最高法院,「抽菸的自由,即使包含在憲法第13條所保障的基本人權之一,但並非在所有時間、場所必須受到保障」,指出「拘禁的目的與受到限制的基本人權的內容、限制的必要性等的關係綜合考察後,前述的抽煙禁止此種程度的自由限制,乃是必要且合理」[157]。未領執照以自己消費作為目的的酒類製造行為,根據《酒稅法》第7條第1項、第54條第1項進行處罰,是否違反本條受到爭議的案例中,最高法院判決表示,「自己消費目的的酒類製造自由即使受到制約,此種的規制無法說是逾越立法機關的裁量權,顯著不合理至為明顯」[158]。此外最高法院,「根據憲法第13條所保障的國民私生活上的自由,亦應該服從公共福祉的合理制約」,汽車駕駛人有義務扣住座位安全帶的《道路交通法》第71條之2的規定,認為是合理的規制,駁斥本條違反的主張[159]。再者「有鑑於《跟蹤騷擾規

---

[155] 日本最高法院大法庭判決昭和25年11月22日《最高裁判所刑事判例集》第4卷第11號,頁2029。
[156] 宍戶常壽〈第13条〉,戶松秀典=今井功編著,《論点体系 判例憲法 1:裁判に憲法を活かすために》,頁108-109。
[157] 日本最高法院大法庭判決昭和45年9月16日《最高裁判所民事判例集》第24卷第10號,頁1410。
[158] 日本最高法院第一小法庭判決平成元年12月14日《最高裁判所刑事判例集》第43卷第13號,頁841
[159] 日本最高法院第三小法庭判決平成2年6月5日《最高裁判所裁判集民事》第160號,頁135。

制法》的目的的正當性、規制內容的合理性、相當性，該法第2條第1項、第2項、第13條第1項，並不違反憲法第13條、第21條第1項」的判決表示[160]亦存在。

再者，對「人格生存」而言，被認為並不重要的自由侵害作為理由的本條違反的主張，認為「欠缺其前提而被駁斥」的案例亦相當多，宍戶常壽指出[161]：

> 最近的最高法院做出上述處理的案例有，駁斥《刑法》第186條第1項[162]違反本條的主張的案例[163]；東京都特別區的解僱條例的規制認為與本條權利無直接關聯，駁斥本條違反的主張的案例[164]；認為「關於輸入豬肉包含差額關稅的任何關稅制度是否採用，乃是立法政策的問題，並非適用憲法與否的問題」，駁斥豬肉的差額關稅制度違反本條的主張的案例[165]等存在。

如上所知，「對於人格生存不可或缺的人格權、隱私權以及自我決定權以外的自由與利益」，判例基本上認為是本條的保護範圍以外？或者是以接受本條保護作為前提其制約符合公共福祉的旨趣？或者是判斷規制與公共福祉的符合性即可？「在目前的

---

[160] 日本最高法院第一小法庭判決平成15年12月11日《最高裁判所刑事判例集》第57卷第11號，頁1147。
[161] 宍戶常壽〈第13条〉，戶松秀典＝今井功編著，《論点体系　判例憲法　1：裁判に憲法を活かすために》，頁109。
[162] 平成7年法律的91號改正前。
[163] 日本最高法院第三小法庭決定平成7年9月26日《最高裁判所裁判集刑事》第266號，頁1009。
[164] 日本最高法院第一小法庭決定平成20年7月17日《判例タイムズ》第1302號，頁114。
[165] 日本最高法院第二小法庭決定平成24年9月4日平成22年（あ）裁判所ホームページ。

時間點仍然無法說是明確」。

11、上述以外「本條後段的幸福追求權保障受到爭論的自由與利益究竟為何？」的判例

在「和平生存權」方面，宍戶常壽指出[166]：

> 駐留軍用的特別措施法的合憲性受到爭論的案例中，最高法院，作為法院以日美安全保障條約以及《日美地位協定》為合憲作為前提，應該審查該法的合憲性，所論亦非主張該條約及該協定違憲，駁斥該法侵害前文、第9條以及根據本條所保障的和平生存權的主張[167]。

在「要求國家補償的權利」方面，宍戶常壽指出[168]：

> 對於預防接種的健康受害的國家補償受到請求的案例中，東京地方法院，參照本條或段以及第25條第1項的旨趣，在財產上特別犧牲受到課處的情形與生命、自由受到特別犧牲課處的情形，認為不利地處理後者的合理理由並不存在，雖然承認第29條第3項作為直接根據的補償請求[169]，但以該事件第2審判決[170]為首，此後的該種訴訟，並非根據第29條第3項的補償請求，而是依據國家賠償請求。

---

[166] 宍戶常壽〈第13条〉，戶松秀典＝今井功編著，《論点体系　判例憲法　1：裁判に憲法を活かすために》，頁109。
[167] 日本最高法院大法庭判決平成8年8月28日《最高裁判所民事判例集》第50卷第7號，頁1952（沖繩代理簽署訴訟）。
[168] 宍戶常壽〈第13条〉，戶松秀典＝今井功編著，《論点体系　判例憲法　1：裁判に憲法を活かすために》，頁109-110。
[169] 日本東京地方法院判決昭和59年5月18日《訟務月報》第30卷第11號，頁2011。
[170] 日本東京高等法院平成4年12月18日《高等裁判所民事判例集》第45卷第3號，頁212。

此外，針對戰爭犧牲乃至於戰爭損害，以本條、第二十九條第三項等作為根據的補償請求，最高法院，引用戰爭犧牲乃至於戰爭損害的補償並非憲法所預想之處的判例[171]，不斷反覆地做出該主張欠缺前提旨趣的判決表示[172]。

在「接受適當正確程序的權利」方面，宍戶常壽指出[173]：

> 在下級審判決中，存在判決表示「國民的權利、自由的保障，唯有與主張以及擁護此的程序保障互相配合，方能完全且實質，憲法第13條與第31條，在解釋上包含要求國民的權利與自由不僅是實體上，且在程序上亦應該受到尊重的旨趣在內」的判例[174]。

最高法院除駁斥，關於質詢檢查權規定的《所得稅法》第63條[175]違反本條的主張認為欠缺前提外[176]，並參照在行政程序上第31條的保障亦達及的情形存在的判例[177]，駁斥行政程序違反本條的主張[178]。

---

[171] 日本最高法院大法庭判決昭和43年11月27日《最高裁判所民事判例集》第22卷第12號，頁2808。
[172] 日本最高法院第二小法庭判決62年6月26日《最高裁判所裁判集民事》第151號，頁147；最高法院第三小法庭判決平成4年4月28日《訟務月報》第38卷第12號，頁2579；最高法院第一小法庭判決平成9年3月13日《最高裁判所民事判例集》第51卷第3號，頁1233等。
[173] 宍戶常壽〈第13條〉，戶松秀典＝今井功編著，《論点体系 判例憲法 1．裁判に憲法を活かすために》，頁110。
[174] 日本東京地方法院判決昭和38年9月18日《最高裁判所民事判例集》第25卷第7號，頁1053。
[175] 昭和40年法律第33號改正前。
[176] 日本最高法院第一小法庭判決昭和58年7月14日《訟務月報》第30卷第1號，頁151。
[177] 日本最高法院大法庭判決平成4年7月1日《最高裁判所民事判例集》第46卷第5號，頁437（成田新法事件）。
[178] 日本最高法院第一小法庭判決評審4年9月10日《稅務訴訟資料》第151號，頁147；最高法院第一小法庭判決平成15年12月4日《訟務月報》第50卷第10號，頁2952。

在「生命」方面，宍戶常壽指出[179]：

> 最高法院參照本條，判決表示「違反公共福祉此種的基本原則的情形下，雖然說是國民對生命的權利，但在立法上受到限制乃至於剝奪必須說是理所當然地預想到」[180]，並且不斷地反覆判決表示死刑並不違反本條的旨趣[181]。

在「公共福祉的限制」方面，有三個論點受到檢討。

12、「本條後段所謂的『公共福祉』具有何種的法意義？」的判例

早期最高法院的判例方面，宍戶常壽指出[182]：

> 關於本條，判決表示「宣示出個人尊嚴與人格尊重，雖然是理所當然，但個人的生命、自由與權利，只要社會生活的正確秩序與共同幸福無法受到保持，畢竟僅是沙灘上的樓閣而已。若是如此，該條中做出『只要不違反公共福祉』的大框架」[183]。

此外最高法院指出，「新憲法所保障的言論自由與在舊憲法

---

[179] 宍戶常壽〈第13条〉，戶松秀典＝今井功編著，《論点体系 判例憲法 1：裁判に憲法を活かすために》，頁110-111。
[180] 日本最高法院大法庭判決昭和23年3月12日《最高裁判所刑事判例集》第2卷第3號，頁191。
[181] 日本最高法院第三小法庭判決昭和23年11月9日《最高裁判所裁判集刑事》第5號，頁179。
[182] 宍戶常壽〈第13条〉，戶松秀典＝今井功編著，《論点体系 判例憲法 1：裁判に憲法を活かすために》，頁112。
[183] 日本最高法院大法庭判決昭和23年3月24日《最高裁判所裁判集刑事》第1號，頁535。

之下,日本臣民享有『法律的範圍內』的言論自由不同」,即使是立法亦不受到恣意地限制乃是毋庸贅言,宍戶常壽指出[184]:

> 然而,國民,不得濫用新憲法保障國民的基本人權,負有責任經常在公共福祉目的下利用之(憲法第12條)。因此,雖然說是在新憲法下的言論自由,不允許國民在無限制的恣意狀態下,必須經常地受到公共福祉的調整」[185],或者包含公務員在內的勞動基本權(第28條)認為「不得已受到公共福祉的限制」[186],本條以外的個別基本人權從早期即明確地表示必須服從第12條以及本條的公共福祉的限制。查泰萊夫人事件最高法院判決,將上述的立場明確地判決表示「關於憲法所保障的各種基本人權,與在相關各個條文中是否明確表示限制可能性無關,從憲法第12條與第13條的規定觀之,其濫用受到禁止,必須基於公共福祉的限制下,(中間省略)若適用於表現自由,此種自由雖然極其重要,但仍然受到公共福祉的限制」[187]。

如上所知,本條後段中所謂的「公共福祉,被認為是制約基本人權的一般根據」。在學說上,「公共福祉在人權之外制約此的一般原理的見解」(一元外在制約說);本條乃是「訓示與倫

---

[184] 宍戶常壽〈第13条〉,戶松秀典=今井功編著,《論点体系 判例憲法 1:裁判に憲法を活かすために》,頁112-113。
[185] 日本最高法院大法庭判決昭和24年5月18日《最高裁判所刑事判例集》第3卷第6號,頁839;最高法院大法庭決定昭和26年4月4日《最高裁判所民事判例集》第5卷第5號,頁214。
[186] 日本最高法院大法庭判決昭和28年4月8日《最高裁判所刑事判例集》第7卷第4號,頁775;此外,關於公務員政治活動的限制,最高法院大法庭判決昭和33年4月16日《最高裁判所刑事判例集》第12卷第6號,頁942。
[187] 日本最高法院大法庭判決昭和32年3月13日《最高裁判所刑事判例集》第11卷第3號,頁997。

理規定」而已,本條所謂的「公共福祉」無法成為人權制約的根據,「公共福祉的制約」(外在制約)受到承認僅僅是「經濟自由權(第二十二條、第二十九條)」而已,「此以外的基本人權僅僅服從內在制約而已的見解」(內在與外在二元制約說)亦受到主張,但在其後,所謂「公共福祉乃是調整人權相互間的矛盾與衝突的實質性公平原理,存在所有人權內部的見解」(一元內在制約說)廣泛地受到支持。

13、「共福祉的基本人權限制程度應該如何判斷?」的判例

基本人權若是在公共福祉限制之下,由於「公共福祉」乃是可包含多種多樣事物上性質的要求的不確定概念,因此甚至可說該規制抽象地根據公共福祉時,「基本人權的限制容易造成合憲」的結果,宍戶常壽指出[188]:

> 關於此點,最高法院指出,「在《日本國憲法》下,法院,關於各個具體事件,擁護表現自由的同時,防止其濫用,謀求此與公共福祉之間的調和,在自由與公共福祉之間,劃出正當的界限作為其任務」,關於市政府《公安條例》的合憲性,判決表示「所歸諸的判斷是,根據本條例,憲法所保障的表現自由,是否超越憲法所規定濫用禁止與公共福祉保持的要求而受到不當地限制」[189]。上述的說明表示,超越公共福祉要求的人權限制乃是違憲;換言之,基本人權不僅有其界限,公共福祉的要求亦有其界限

---

[188] 宍戶常壽〈第13条〉,戶松秀典=今井功編著,《論点体系 判例憲法 1:裁判に憲法を活かすために》,頁113-114。
[189] 日本最高法院大法庭判決昭和35年7月20日《最高裁判所刑事判例集》第14卷第9號,頁1197。

作為前提。再者最高法院指出，對公務員的組織工會權，因著公共福祉受到「限制的程度，有必要應該尊重勞工的組織工會權等，以及有必要確保公共福祉，兩者進行比較考量，在確保兩者適當正確的均衡作為目的下，應該受到決定」，藉由比較衡量（比較考量、利益較量）進行判斷；在另一方面，「具體地決定限制程度，應該說是屬於立法機關的裁量權，只要不是明顯地不合理，立法機關不被認為是逾越其裁量權的範圍下，其判斷，解釋為合憲、合法乃是相當」，顯示出尊重立法機關判斷的立場[190]。

相對於「尊重立法機關判斷」的立場，宍戶常壽指出[191]：

全遞東京中央郵局事件最高法院判決指出，勞工的勞動基本權，「從國民生活整體的利益保障的觀點的制約，作為理所當然的內在制約包含在內」，再者，判決表示「雖然勞動基本權的限制，在尊重確保的必要與國民生活整體的利益維持增進的必要兩者下，進行勞動基本權的比較衡量，將兩者保持適當正確均衡的目的下，應該做出決定，但勞動基本權直接連結到勞工的生存權，考量到對此保障目的的重要手段的觀點，其限制，必須是僅止於合理性受到承認的必要最小限度」[192]。此處的說明表示，從過去抽象的公共福祉理論更進一步，人權限制乃是該基本人權

---

[190] 日本最高法院大法庭判決昭和40年7月14日《最高裁判所民事判例集》第19卷第5號，頁1198（和教組事件）。
[191] 宍戶常壽〈第13条〉，戶松秀典＝今井功編著，《論点体系　判例憲法　1：裁判に憲法を活かすために》，頁114。
[192] 日本最高法院大法庭判決昭和41年10月26日《最高裁判所刑事判例集》第20卷第8號，頁901。

內在的制約,表示出應該僅止於合理且必要最小限度的想法。

該判決之後,根據「個別具體的比較衡量」,判斷人權限制可否的判例亦出現,宍戶常壽指出[193]:

> 舉例而言,博多車站事件最高法院決定指出,「保障公正刑事裁判的實現的目的下,根據報導機關的採訪活動取得的內容,在作為證據被認為必要的情形下,採訪自由在某種程度蒙受制約亦為不得已」,判決表示「即使在上述的情形下,在一方面,被認為審判對象的犯罪性質、樣態、輕重以及採訪內容的證據價值,以及,考量實現公正刑事裁判下的必要性存在與否的同時,在另一方面,採訪內容作為證據強迫提出使得報導機關採訪自由受到妨礙的程度,以及上述影響報導自由的程度,及其他各種的因素進行比較衡量後,應該受到決定,將此作為刑事裁判的證據加以使用被認為不得不的情形下,亦必須考量到因此所受到的報導機關不利益不超過必要的限度」[194]。此外,第1次家永教科書訴訟最高法院判決表示,「雖然憲法第21條第1項所謂的表現自由,但並非毫無限制地受到保障,有時受到公共福祉的合理且必要不得已限度的限制,該限制作為上述限度是否受到容許承認?限制被認為有必要的程度,以及受到限制自由內容以及性質,加上具體限制樣

---

[193] 宍戶常壽〈第13条〉,戶松秀典=今井功編著,《論点体系 判例憲法 1:裁判に憲法を活かすために》,頁114-115。
[194] 關於尚未受到判決拘留者的報紙閱讀自由的限制的日本最高法院大法庭判決58年6月22日《最高裁判所民事判例集》第37卷第5號,頁793(淀號劫持報導塗銷事件)。

態以及程度等進行較量之後,應該受到決定」[195]。由此可知,公共福祉的人權限制可否進行比較衡量之後加以判斷的立場,可說在目前的判例上已經確立。

14、「基本人權限制合憲性具體上應該如何判斷?」的判例

藉由上述比較衡量,公共福祉的人權限制的可否,在抽象上且名義上受到判斷的情形下,仍然可說是「蘊藏著與早期判例抽象的公共福祉理論同樣的危險」。因此,「判例中的人權限制合憲性的判斷」,「若照目前的現狀藉由個別地比較衡量受到進行的情形時」,「制定衡量目的的具體基準與準則在此之下受到進行的情形亦可見到」,宍戶常壽指出[196]:

> 舉例而言,《藥事法》事件最高法院判決指出,「職業的自由,此以外的憲法保障的自由,特別是所謂精神自由進行比較,公權力的規制要求強」,再者針對職業自由的「規制措施在憲法第22條第1項的公共福祉目的下受到要求是否受到承認?無法將此一律論之,關於具體的規制措施,檢討規制的目的、必要性、內容、藉此受到限制的職業自由的性質、內容以及限制的程度,將上述進行比較考量後,必須受到慎重地決定」,採用比較衡量框架的同時,其檢討與考量認為是第1次在立法機關的權限與責任義務,判決表示承認立法裁量的旨趣[197]。

---

[195] 日本最高法院第三小法庭判決平成5年3月16日《最高裁判所民事判例集》第47卷第5號,頁3483。
[196] 宍戶常壽〈第13条〉,戶松秀典=今井功編著,《論点体系 判例憲法 1:裁判に憲法を活かすために》,頁115-116。
[197] 日本最高法院大法庭判決昭和50年4月30日《最高裁判所民事判例集》第29卷第4號,頁572。

相對於「承認立法裁量」，宍戶常壽指出[198]：

> 泉佐野市民會館事件最高法院判決指出，集會的自由「限制作為必要且合理者是否受到肯定與承認？基本上，作為基本人權的集會自由重要性，以及該集會受到召開所受到侵害的其他基本人權內容，或者侵害發生危險性的程度進行較量之後，應該受到決定」的同時，判決表示「上述較量時，即該自由的制約由於是在基本人權當中制約精神自由，必須超過經濟自由制約以上更為嚴格的基準下受到進行」[199]。理所當然地，(1)規制目的的正當性；(2)禁止與達成目的手段的合理關聯性；(3)藉由禁止所獲得的利益與喪失的利益的均衡，應該判斷公務員政治行為[200]限制合憲性的猿払事件最高法院判決[201]為首，判例在精神自由的

---

[198] 宍戶常壽〈第13条〉，戶松秀典＝今井功編著，《論点体系 判例憲法 1：裁判に憲法を活かすために》，頁116。

[199] 日本最高法院第三小法庭判決平成7年3月7日《最高裁判所民事判例集》第49卷第3號，頁687。

[200] 大隅健一郎、關根小鄉、小川信雄、坂本吉勝法官的反對意見如下：凡國民的政治活動自由，在自由民主主義國家，將統治權力及其發動，加以正當化的最重要根據，在國民的個人人權當中，具有最高價值的基本權利。所謂的政治活動的自由，國民擁有針對國家基本政策決定直接與間接參與的機會；同時，進行上述目的下的積極活動的自由，此乃是國家的基本政策決定機關的國會的議員，或者在選出上述議員的程序上，以各式各樣的形式進行參與，或者是組成政黨及其他的政治團體，並且加入之；加上，作為一個政成員進行活動等狹義的政治過程的參與之外，針對上述政治過程進行運作，並給予影響的各種活動，例如從政治集會、集體請願等的團體行動，到各式各樣方法與型態的單純作為個人的政治意見表明為止，極其廣泛的行為的自由皆包含在內。如此，政治活動的自由，不僅止於單純的政治思想、信條的自由此種個人內心的自由而已，根據此的外部積極的社會行動的自由，乃是其本質上的性質，在《日本國憲法》，關於參政權的第15條第1項、關於請願權的第16條、集會、結社、表現自由相關的第21條的各項規定，將此作為國民基本人權之一加以保障。中村睦男、秋山義昭、千葉卓、常本照樹編著，《教材憲法判例第三版》（札幌市：北海道大學圖書刊行會、1990年）頁371-372。

[201] 日本最高法院大法庭判決昭和49年11月6日《最高裁判所刑事判例集》第28卷第9號，頁393。

領域上實際上並未採用嚴格基準的學說批判強烈。然而最高法院，即使考慮到學說所謂的嚴格基準或者其精神，關於其選擇以及內容，採取「制定基準並非將自己捆綁在基準上，而是彈性加以對應處理」的立場並未崩解[202]。

在另一方面，立法裁量受到承認的領域中，先前的《藥事法》事件最高法院判決指出，「關於合理裁判量的範圍，事件的性質上本身有可能廣義與狹義」，在判斷「平等違反存在與否」的形式上，實際上「與精神自由領域相同」，根據「立法事實」，「立法目的的正當性與目的達成手段的合理性、必要性的雙方受到審查的情形逐漸增多」。此即為「目的與手段的審查」。學說上，法院判斷「人權限制合憲性的基準加以準則化的立場」（雙重基準理論、違憲審查基準理論）廣泛地受到支持。另一方面，最近，各個人權條款保護何種的自由與利益？在憲法上受到保護權利的制約是否存在？及制約在憲法上是否受到正當化？藉由此三個階段進行審查，應該判斷人權限制的合憲性特別是在最後的「正當化審查階段」，以「比例原則」為核心應該進行判斷的立場，逐漸受到提倡。理所當然地，雙方的立場在實際上相當程度「重疊的主張」亦出現。

就整個《日本國憲法》第十三條而言，學說會將第十三條區分為前段與後段進行分析，藉此讀出其規範的意涵內容，但在憲法判例上並未將第十三條做出如此明確的區分，而是有進行整體適用的傾向[203]。

---

[202] 日本最高法院第二小法庭判決平成24年12月7日《裁判所時報》第1569號，頁2（社會保險廳職員事件千葉勝美法官的補充意見）。
[203] 大島義則，《憲法の地図―条文と判例から学ぶ 初版第3刷》（京都市：法律文化社，2022年），頁2。

玖、法之下的平等
　　（《日本國憲法》第14條）

一、條文

　　所有國民,在法之下皆為平等,不得藉由人種、信條、性別、社會身分或者門第,在政治上、經濟上或者社會關係上,受到差別。
　　華族及其他貴族的制度,不承認之。
　　榮譽、勳章及其他榮典的授予,皆不伴隨任何的特權。榮典的授予,目前享有之,或者將來享有之者,僅限於一代,擁有其效力。

二、概要

　　戶松秀典與君塚正臣指出[1]:

　　本條在第1項高唱「法之下平等」,因此在第2項中,宣示否認貴族制度,在第3項中,規定對於榮典的授予,並不

---

[1] 戶松秀典、君塚正臣〈第14条〉,戶松秀典＝今井功編著,《論点体系　判例憲法　1:裁判に憲法を活かすために》,頁118。

伴隨特權。

第1項所保障的平等，在近代立憲主義，與以自由為主幹的基本權同樣是構成人權宣言的核心的價值規範，但在明治憲法中由於並不存在，在此項規定下，關於具體的實現，受到極大的關心。該條文的體裁，具體上，列舉出歷史上的具有代表性的差別禁止事由，顯示出其意義的重要性。此外，關於此點，在立法、行政以及司法的層面上，亦針對實現平等的討論蓬勃地受到展開。（中間省略）

第2項與第3項，根據在明治憲法下的體驗，否定違反「法之下平等」的制度的存在，將第1項的平等理念的落實加以徹底化。

三、論點

以下將從關於「法之下平等」的意義三個論點，關於本條所列舉的差別禁止事由的五個論點，關於本條並未明白表示列舉出的差別事由的五個論點，以及行政法規的差別處理的三個論點進行考察。

首先在關於「法之下平等」的意義三個論點方面：

1、「本條第一項的『法之下平等』，是否並非僅針對法令的適用，其內容亦要求？」的判例

戶松秀典與君塚正臣指出[2]：

最高法院首次做出法令違憲的判斷是在尊親屬殺人重罰規

---

[2] 戶松秀典、君塚正臣〈第14条〉，戶松秀典＝今井功編著，《論点体系 判例憲法 1：裁判に憲法を活かすために》，頁119-120。

定違憲判決[3]，《刑法》第200條的法定刑[4]受到限定為死刑或者無期徒刑的論點上，應該說是過度嚴苛，作為基於合理根據的差別對待處理究竟無法受到正當化做出判決表示，法令內容要求平等的判斷至為明顯。此外，此並非此次判決首次表明，（中間省略）法令所規定的內容是否違反本條的審查仍然受到進行[5]。

2、「本條的『平等』，是否應該理解為相對平等的意涵？或者是要求不僅止於形式平等的平等實踐？」的判例

關於此項論點，應該理解為肯定，此乃是「從起初最高法院判例以來所確立的論點」。

在「相對的平等」方面，戶松秀典與君塚正臣指出[6]：

> 關於尊親屬傷害致死的《刑法》第205條第2項[7]的規定，可在判決不違反本條的昭和25年的判決[8]中見到，關於本條意涵的相對平等受到以下的論述。「惟憲法第14條宣示

---

[3] 日本最高法院大法庭判決昭和48年4月4日《最高裁判所刑事判例集》第27卷第3號，頁265。

[4] 平成7年法律第91號對此刪除。

[5] 關於本條所規定的是平等原則或是平等權在學上受到討論。然而，在判例上並未受到統一的使用；此外，無論如何「法之下平等」的保障效果並未產生不同。早期最高法院的判決，提出的「平等的原則」；此外，就最高法院法官而言使用「平等權」與「平等原則」的雙方的判例有，日本最高法院大法庭判決平成5年1月20日（《最高裁判所民事判例集》第47卷第1號，頁67）的平成5年議員定數不均衡判決中的木崎良平法官的反對意見；使用「平等原則」用語的判例有，最高法院大法庭判決平成20年6月4日（《最高裁判所民事判例集》第62卷第6號，頁1367）的《國籍法》違憲判決中的泉德治法官補充意見，以及最高法院大法庭判決平成21年9月30日的平成21年議員定數不均衡判決中的金築誠志法官補充意見等。

[6] 戶松秀典、君塚正臣〈第14条〉，戶松秀典＝今井功編著，《論点体系　判例憲法 1：裁判に憲法を活かすために》，頁120-121。

[7] 平成7年法律第91號對此刪除。

[8] 日本最高法院大法庭判決昭和25年10月11日《最高裁判所刑事判例集》第4卷第10號，頁2037。

明白法之下的國民平等的原則,規定所有的國民不可因為人種、信條、性別、社會身分或者門第,在政治上、經濟上或者社會關係上受到差別的待遇的旨趣,乃是人格的價值對於所有的人類皆是同等,從而基於人種、宗教、男女的性別、職業、社會身分等的差異,或者不得擁有特權,或者不得給予特別不利益的待遇,此項大原則做出表示外無他。奴隸制度或者貴族等的特權不受到承認;此外新的《民法》中,如同廢除妻子的無能力制度、家長的特權地位,終究是基於此項原則。然而,此乃是法在國民的基本平等原則範圍內,考慮到個人的年齡、自然素質、職業、人與人之間特別的關係等的各種背景因素下,從道德、正義、合目的性等的要求,並不妨礙做出適當的具體規定」。

如上所述,《日本國憲法》要求的平等,前提是「能力、年齡、財產、職業等互相不同下,在同一條件者即同一處理,不同條件者則做不同的處理」,要言之,此被認為是「相對平等」的意涵。從「目的」觀察,區別的表徵「過度狹窄」(過少的含攝)或者是「過度廣泛」(過大的含攝),皆無法說是平等。雖然如此,人類有個人的差異,將A與B做平等處理究竟為何?必須在具體的案件中進行思考,有其難處。戶松秀典與君塚正臣指出[9]:

最高法院,在上述判決以及更早之前,將性格、年齡、處境、情節的不同犯罪情形類似的被告的科處刑罰進行不同

---

[9] 戶松秀典、君塚正臣〈第14条〉,戶松秀典＝今井功編著,《論点体系　判例憲法　1:裁判に憲法を活かすために》,頁121-122。

的處理乃是理所當然[10];在相當早期即明白表示相對平等的見解[11]。(中間省略)尊親屬殺人重罰規定違憲判決[12]亦貫徹此一立場。此外,縣知事在天皇生病慰問的目的下進行記帳以及設置記帳所等,無法說是超過縣知事的裁量範圍,在社會主流觀念上無法說是不當地差別對待其他的一般國民,因此做出不違反本條的判決[13];進行無差別大量殺人行為的團體規制相關法律,具有一般性且抽象性法規範的性質,由於無法說是將宗教團體奧姆真理教作為唯一適用對象的措施法,該法違反本條所保障的平等原則的主張,做出在此前提下無法採用的判決[14]存在。即使是在近年,對於屬於先進醫療,不符合療養幾付的診療的療法（自由診療）與保險診療併用的混合診療部分,在不進行保險幾付上,一定的合理性受到承認,做出不違反本條以及第13條、第25條的判斷[15]存在。

在「形式的平等」方面,若理解為本條「保障相對的平等」時,此即是「形式的平等保障」,可說「並未」從本條導引出某種的「請求權」或者實踐「實質平等」的政策。可見到與此有關

---

[10] 日本最高法院大法庭判決昭和23年10月6日《最高裁判所刑事判例集》第2卷第11號,頁1275。
[11] 日本最高法院大法庭判決昭和33年3月12日《最高裁判所刑事判例集》第12卷第3號,頁501;最高法院大法庭判決昭和39年5月27日《最高裁判所民事判例集》第18卷第4號,頁676;最高法院大法庭判決昭和39年11月18日《最高裁判所刑事判例集》第18卷第9號,頁579。
[12] 日本最高法院大法庭判決昭和48年4月4日《最高裁判所刑事判例集》第27卷第3號,頁265。
[13] 日本福岡地方法院判決平成2年3月23日《行政事件裁判例集》第41卷第3號,頁748;福岡高等法院判決平成3年9月30日《行政事件裁判例集》第42卷第8=9號,頁1547。
[14] 日本東京地方法院判決平成13年6月13日《訟務月報》第48卷第12號,頁2916。
[15] 日本最高法院第三小法庭判決平成23年10月25日《最高裁判所民事判例集》第65卷第7號,頁2923。

聯的判例如下。戶松秀典與君塚正臣指出[16]：

> 部落差別的被差別者所進行的「糾彈」，將本條平等原理實質有效化的一種自救行為，雖然有得以認可的餘地，但該具體案件中，被告人等的行為，超過容許限度，做出有違法性的判決[17]存在[18]。上述的判決表示中，並未到本條要求實質平等的程度，必須注意僅止於形式的平等。此外，鐵道公司在車廂中並未裝設輪椅對應廁所，無法說是違背保障旅行自由的第22條的旨趣；此外，即使考慮私人間的行為，亦無法說是已超過社會所容許的限度；再者，由於亦未違反一義性的保障形式平等的本條旨趣，因此做出不構成不法行為等的判決[19]亦維持形式的平等。再者，以請求權性質作為根據的訴訟案例，本條，僅止於宣示表明國家政治指導理念的人類平等原則的規定而已，由於並非針對國家請求權的奠定基礎的實體法規，因此以該條作為根據，做出針對從蘇聯返國的日本人俘虜的勞動薪資支付請求權並不成立的判決[20]存在[21]。

3、「被認為本條所容許承認的合理差別為何？」的判例

關於「合理的根據被認為必要者」，戶松秀典與君塚正臣指出[22]：

---

[16] 戶松秀典、君塚正臣〈第14条〉，戶松秀典＝今井功編著，《論点体系 判例憲法 1：裁判に憲法を活かすために》，頁122。
[17] 日本大阪高等法院判決昭和63年3月29日《判例時報》第1309號，頁43。
[18] 相同旨趣的大阪高等法院判決平成2年3月22日《判例タイムズ》第734號，頁180。
[19] 日本東京地方法院判決平成13年7月23日《判例タイムズ》第1131號，頁142；東京高等法院判決平成14年3月28日《判例タイムズ》第1131號，頁139。
[20] 日本東京地方法院判決平成元年4月18日《訟務月報》第36卷第11號，頁1973。
[21] 日本東京地方法院判決平成11年3月24日《訟務月報》第45卷第10號，頁1842。
[22] 戶松秀典、君塚正臣〈第14条〉，戶松秀典＝今井功編著，《論点体系 判例憲

考察判斷基於日本國與美利堅合眾國之間的安全保障條約第3條的行政協定實施所伴隨的《關稅法》等的臨時特例相關法律[23]第6條、第11條、第12條，不違反本條的判決[24]時，做出的判決表示如下。「憲法第14條雖然承認法之下平等的原則，但各人由於存在著在經濟上、社會上及其他各種的事實關係上的差異，在法規的制定或者其適用的層面上，（中間省略）從事實關係上的差異所產生的不均等難免存在於各人之間，上述的不均等基於一般社會觀念上合理的根據被認為必要者存在時，無法說是因此違反憲法第14條的法之下平等原則，成為該法院的判例」[25]。

如上所述，本條「容許基於合理根據的差別，在先例中已受到表示」，戶松秀典與君塚正臣指出[26]：

因此，針對所舉的昭和25年的先例進行確認時，此乃是針對換刑處分規定的《刑法》第18條，做出並非違反本條的判決，由如下所主張的內容即可得知。「憲法第14條所規定的平等原則，（中間省略）雖然呈現出法平等的原則，但由於各人在經濟上、社會上及其他各種事實上的差異目前存在，難免一般法規的制定或者其適用上，來自其事實

法 1：裁判に憲法を活かすために》，頁123。
[23] 昭和33年法律第68號改正前的昭和27年法律第112號。
[24] 日本最高法院大法庭判決昭和39年11月18日《最高裁判所刑事判例集》第18卷第9號，頁579。
[25] 日本最高法院大法庭判決昭和25年6月7日《最高裁判所刑事判例集》第4卷第6號，頁956；最高法院大法庭判決昭和33年3月12日《最高裁判所刑事判例集》第12卷第3號，頁501。。
[26] 戶松秀典、君塚正臣〈第14条〉，戶松秀典＝今井功編著，《論点体系 判例憲法 1：裁判に憲法を活かすために》，頁123-124。

上差異所產生的不均等存在。上述的不均等在一般社會觀念上存在合理根據時，無法說是違反平等的原則」。最高法院接續著，提及原本刑罰不限於財產刑，即使是自由刑，受刑者所承受的痛苦程度在具體上因人而異，在罰金刑方面，其差異不過是因著貧富的程度如何而顯著後，說明針對一定的違反行為，規定罰金刑的法規以及換刑處分規定的法規，在法律上平等地對待各人，因著刑罰，受刑者所承受的痛苦的差異，從其法規必然地會產生難以避免的差異，僅能說是如此等，做出的結論是，「罰金刑因著受刑者的貧富程度如何給予該受刑者的痛苦存在差異，由貧富此種各人的事實上差異所產生的必然差異，從刑罰法規的制定以維持社會秩序此種大局觀察，乃是不得已的差異，應該被承認為是一般社會觀念上合理根據的存在，因此藉此無法說是違反平等的原則」。

由上可知，是否違反本條？基本上是對於該法規定的處理待遇中是否存在「合理根據」進行判斷。因此，何者符合本條所承認的合理差別？再者，法院在進行審查時，採取何種立場？則受到關心。對上述關心的回答是，即使觀察上述的若干案例，「明顯地並非如此單純」。「只能在與個別具體案例之間的關聯上進行評論」。

其次，在關於本條所列舉的差別禁止事由的五個論點方面：

4、「本條所謂的人種差別究竟為何？此外，與針對外國人的差別之間的關係究竟為何？」的判例

在「意義」方面，在日本，針對「愛努以及在日朝鮮、中國人的差別，此種民族差別或者祖先的出身」國家進行的差別，在

本條之下被認為是問題。即使在判例中,作為本條所差別禁止事由的「人種的差別」的領域,亦納入是針對「外國人的差別」問題,而受到形成,因此首先觀察此種的動向,戶松秀典與君塚正臣指出[27]:

> 最高法院,判斷基於日本國與美利堅合眾國之間的安全保障條約第3條的行政協定實施所伴隨的《關稅法》等的臨時特例相關法律[28]第6條、第11條、第12條的違反而受到起訴的事件中,在判決表示上述規定並不違反本條第1項的論述當中,在與外國人的被告人之間的關聯上,說明「憲法第14條的旨趣,只要特殊的因素不被承認下,即使是針對外國人,應該受到類推的解釋乃是相當」[29]。由此可知在判例上,人種的差別,只要不存在特殊的因素,將被視為是外國人的差別。

在「出入國管理」方面,此處的判例傾向在早期即可受到觀察,戶松秀典與君塚正臣指出[30]:

> 舉例而言,「外國人登錄令,在期待針對外國人各種處理待遇的適當正確的目的下受到立法,不問其人種如何,對於進入我國的所有外國人,在處理待遇上規定必要的手續,上述的規制,在各個外國亦受到進行,並非針對某種

---

[27] 戶松秀典、君塚正臣〈第14条〉,戶松秀典=今井功編著,《論点体系 判例憲法 1:裁判に憲法を活かすために》,頁126。
[28] 昭和33年法律第68號改正前的昭和27年法律第112號。
[29] 日本最高法院大法庭判決昭和39年11月18日《最高裁判所刑事判例集》第18卷第9號,頁579。
[30] 戶松秀典、君塚正臣〈第14条〉,戶松秀典=今井功編著,《論点体系 判例憲法 1:裁判に憲法を活かすために》,頁126。

人種進行差別待遇的旨趣而提出,因此所論並無理由」的判決[31],為其代表判例[32]。

在上述的先例之下,日本《外國人登錄法》或者出入國管理令相關的判例雖然出現相當多,但皆駁斥本條違反的主張。特別是許多出現的判例可見到,針對外國人的指紋按壓制度的訴訟。戶松秀典與君塚正臣指出[33]:

> 對此,最高法院,針對居留我國的外國人,規定指紋按壓制度的《外國人登錄法》[34]第14條第1項、第18條第1項第8款,判決表示不違反第13條、本條、第19條[35]。再者,以拒絕基於《外國人登錄法》第14條第1項[36]的指紋按壓作為理由的所謂協定永住許可者的再入國不許可處分,除當時的社會情勢或者指紋按壓制度維持的居留外國人以及其出入國的公正管理的必要性等各種背景因素外,亦鑑於關於再入國許可與否的判斷的法務大臣的裁量權的範圍被認為廣泛的旨趣,上述不許可處分即使已給予上述者的不利益的大小等進行考慮,尚無法說是已到違法的程度,做

---

[31] 日本最高法院大法庭判決昭和30年12月14日《最高裁判所刑事判例集》第9卷第13號,頁2756。
[32] 亦可參照針對外國人登錄法的日本最高法院第二小法庭判決昭和34年7月24日《最高裁判所刑事判例集》第13卷第8號,頁1212;針對出入國管理令的東京高等法院判決35年9月19日《東京高等裁判所判決時報(刑事)》第11卷第9號,頁243。。
[33] 戶松秀典、君塚正臣〈第14条〉,戶松秀典=今井功編著,《論点体系 判例憲法 1:裁判に憲法を活かすために)》,頁126-127。
[34] 昭和57年法律第75號改正前。
[35] 日本最高法院第三小法庭判決平成7年12月15日《最高裁判所刑事判例集》第49卷第10號,頁842;最高法院第一小法庭判決平成8年2月22日《訟務月報》第43卷第2號,頁754。
[36] 昭和62年法律第102號改正前。

出此種微妙的判決表示[37];不容許承認違憲的主張[38];即使是在下級審,亦可見到做出同樣的判決。

其後,針對上述外國人指紋按壓制度,受到日本《外國人登錄法》的改正,在平成5年1月受到廢止。與指紋按壓制度不同的規定外國人登錄原票的登錄事項的確認制度的日本《外國人登錄法》第11條第1項[39]以及該罰則規定的該法第18條第1項第1款,做出不違反第13條、本條的判決[40]亦存在。

在「社會福利立法」方面,設立國籍條款等,在外國人與日本國民之間進行差別待遇的案例不少。判例,在上述的法領域進行廣泛尊重立法機關裁量判斷的審查,即使是在與外國人的關係上,此種審查立場並未改變。戶松秀典與君塚正臣指出[41]:

在年金關係上,針對《國民年金法》第81條第1項受到該法第56條第1項但書的規定以及昭和34年11月1日起之後歸化已取得日本國籍者,該法第81條第1項的身心障礙者福利年金的不給付,乃是立法機關裁量範圍所屬事項,無法否定其合理性,做出不違反第25條以及本條的判決[42]存在。關於《國民年金法》的國籍要件,駁斥前韓國籍全盲

---

[37] 日本最高法院第二小法庭判決平成10年4月10日《最高裁判所民事判例集》第52卷第3號,頁776。
[38] 其後的日本最高法院第三小法庭判決平成10年11月10日《判例地方自治》第187號,頁96。
[39] 平成4年法律第66號改正前。
[40] 日本最高法院第一小法庭判決平成9年11月17日《最高裁判所刑事判例集》第51卷第10號,頁855。
[41] 戶松秀典、君塚正臣〈第14条〉,戶松秀典=今井功編著,《論点体系 判例憲法 1:裁判に憲法を活かすために》,頁127。
[42] 日本最高法院第一小法庭判決平成元年3月2日《最高裁判所裁判集民事》第156號,頁271。

女性的訴求的判斷[43]亦存在。

在「撫恤金的接受給付」方面，戶松秀典與君塚正臣指出[44]：

> 《撫恤金法》第9條第1項第3款的國籍條款，因著昭和27年4月28日和平條約生效後已喪失日本國籍的在日韓國人的舊軍人，不承認有接受普遍撫恤金的權利，但《日韓請求權協定》[45]締結後，渠等在未受到日本國或者大韓民國任何補償之下隨著時間的推移，仍然存留放置該條款，無法說是立法機關已經逾越裁量的範圍，即使是本案處分當時，亦無法說是該條款已經達到違反本條的程度的判決[46]存在。

在「參政權或者公務就任權等」方面，關於參政權，僅承認日本國民，參政權不達及外國人的情形，乃是日本最高法院第二小法庭判決平成五年二月二十六日判例[47]一貫所容許承認。戶松秀典與君塚正臣指出[48]：

---

[43] 日本最高法院第三小法庭判決平成13年3月13日《訟務月報》第48卷第8號，頁1961。
[44] 戶松秀典、君塚正臣〈第14條〉，戶松秀典＝今井功編著，《論点体系　判例憲法 1：裁判に憲法を活かすために》，頁128。
[45] 昭和40年條約第27號。
[46] 日本最高法院第一小法庭判決平成14年7月18日《裁判所時報》第1319號，頁6；亦可參照最高法院第二小法庭判決平成13年11月16日《裁判所時報》第1303號，頁2。
[47] 日本最高法院第二小法庭判決平成5年2月26日《判例タイムズ》第812號，頁166等等。
[48] 戶松秀典、君塚正臣〈第14條〉，戶松秀典＝今井功編著，《論点体系　判例憲法 1：裁判に憲法を活かすために》，頁129。

住民投票雖然是在《公職選舉法》的對象之外，最高法院的判決[49]是，「御嵩町的產業廢棄物處理設施的設置住民投票相關條例」，將投票資格者限定在作為日本國民的住民，不違反本條第1項、第21條第1項。

在關於公務員職務上，外國人公務員東京都管理職選考測驗訴訟的上告審判決[50]受到矚目。戶松秀典與君塚正臣指出[51]：

最高法院的判決[52]表示是，普通地方公共團體，原則上想定日本國籍保有者的就任是建構包含「公權力行使等地方公務員」的職務，與升遷上所必要的職務經驗累積目的應經歷的職務在內整體的管理職的任用制度下，採取只要是日本國民的職員，即可升遷為管理職務的措施，乃是基於合理的理由，區別日本國民的職員與居留外國人的職員，亦不違反《勞動基準法》第3條。

在「社會生活」方面，外國人受到差別的案例各式各樣雖然受到矚目，但在裁判中受到爭論的案例如下。戶松秀典與君塚正臣指出[53]：

---

[49] 日本最高法院第二小法庭判決平成14年9月27日《裁判所時報》第1324號，頁12。
[50] 日本最高法院大法庭判決平成17年1月26日《最高裁判所民事判例集》第59卷第1號，頁128。
[51] 戶松秀典、君塚正臣〈第14條〉，戶松秀典＝今井功編著，《論点体系　判例憲法　1：裁判に憲法を活かすために》，頁129。
[52] 其下級審判決是日本東京高等法院判決平成9年11月26日《高等裁判所民事判例集》第50卷第3號，頁459；東京地方法院判決平成8年5月16日《最高裁判所民事判例集》第59卷第1號，頁184。
[53] 戶松秀典、君塚正臣〈第14條〉，戶松秀典＝今井功編著，《論点体系　判例憲法　1：裁判に憲法を活かすために》，頁130。

本條第1項、國際人權B公約[54]以及所有成為私法的各種規定的解釋基準，私人所經營的公共浴場以外國人一律拒絕進入的方法所進行的拒絕入場，乃是不合理的差別，已超過社會上可容許限度的人種差別，雖然判斷符合不法行為，但關於市政府制定針對澡堂使用的差別廢除條例等，並未採取擁有禁止以及終止該差別的強制力的措施，被認為不存在《國家賠償法》上的違法性的案例[55]存在。

在「舊《共通法》中的內地人・朝鮮人・臺灣人等」方面，在明治憲法下，《共通法》受到制定，在日本國民當中進行內地人・朝鮮人・臺灣人的區別。戶松秀典與君塚正臣指出[56]：

針對主張《共通法》在《日本國憲法》實施後已成為無效的訴訟，最高法院判決不違反本條，乃是參照先例的旨趣顯然所致而駁斥的案例[57]存在。此處所謂的先例在解釋上係指，根據和平條約喪失日本國籍者，過去曾擁有作為日本的國內法上臺灣人的法地位的人，判決[58]表示此無法說是違反上述條約的旨趣。

其後，「曾擁有日本國內法上臺灣人的法地位者」，根據昭和二八年八月五日的「日本國與中華民國之間的和平條約」以及

---

[54] 公民及政治權利相關國際公約。
[55] 日本札幌地方法院判決平成14年11月11日《判例タイムズ》第1150號，頁185。
[56] 戶松秀典、君塚正臣〈第14条〉，戶松秀典＝今井功編著，《論点体系　判例憲法　1：裁判に憲法を活かすために》，頁130。
[57] 日本最高法院第二小法庭判決昭和38年4月5日《最高裁判所裁判集民事》第65號，頁437。
[58] 日本最高法院大法庭判決昭和36年4月5日《最高裁判所民事判例集》第15卷第4號，頁657，以及最高法院大法庭判決昭和37年12月5日《最高裁判所刑事判例集》第16卷第12號，頁1661。

「相關文件」的生效,應該解釋為已經喪失日本國籍,根據「日本國政府與中華人民共和國政府的共同聲明」,上述解釋不應該發生變更,基於此項見解,原告已喪失日本國籍的原審判斷,判決不違反第十條、本條、第三一條、第九八條第二項以及前文[59]。

在其他方面,戶松秀典與君塚正臣指出[60]:

> 《北海道舊土人保護法》第2條第2項規定的土地買賣限制,關於規定中的稱呼或者其處理,雖然多少有問題,但以此無法說是立即違反本條的判決[61]存在。

屬於愛努民族者,雖然承認基於《國際人權公約》第二十七條的少數民族文化享有權利,但駁斥水壩用地徵收裁決的取消請求的二風谷水壩事件的判決[62]亦存在。

平成九年,成立「關於愛努文化的振興並愛努傳統等的知識普及以及啟發相關法律」[63],明治三十二年制定的北海道舊土人保護法受到廢止。

5、「本條所謂的信條差別究竟為何?」的判例

所謂的信條所指為何?在判例上無法說是明確。特別是,本條的信條,在與第十九條的關係上,關於在該條所保障的思想・良心之間存在何種的異同?學說上的討論暫且不論,在判例上無

---

[59] 日本最高法院第二小法庭判決昭和58年11月25日《最高裁判所裁判集民事》第140號,頁527。
[60] 戶松秀典、君塚正臣〈第14条〉,戶松秀典=今井功編著,《論点体系 判例憲法 1:裁判に憲法を活かすために》,頁132。
[61] 日本札幌地方法院判決昭和52年12月26日《判例タイムズ》第336號,頁307。
[62] 日本札幌地方法院判決平成9年3月27日《訟務月報》第44卷第10號,頁1798。
[63] 平成9年法律第52號。

法說是確立。附帶一提的是，關於第十九條謝罪廣告事件的最高法院判決[64]作為先例存在，在該判決中，法官之間見解分歧，如同栗山茂法官的補充意見所示，良心的自由，乃是信仰的自由，並非倫理的內心自由的見解亦存在，而如同田中耕太郎法官所示，在今日，不限於宗教上的信仰，廣泛地擁有世界觀或者主義或者主張亦可達及的見解亦存在。上述皆是良心與思想重疊混合受到掌握，即使是本條的信條，已經被說成是思想或者信條，似乎可認為是與第十九條的思想・良心相同地受到處理。戶松秀典與君塚正臣指出[65]：

> 實際上，在三菱樹脂事件的判決中，最高法院做出以下的判決表示亦受到承認。詳言之，該事件中，身分調查書中，以關於學生運動經歷等的虛偽申告或者進入公司考試時的虛偽回答作為理由，在試用期間截止時，受到該錄用拒絕的告知，因此該告知違反本條或者第19條而受到爭議。最高法院，本條或者第19條的規定，由於並非直接適用在私人相互間的關係上，企業者即使因此拒絕擁有特定的思想・信條的勞動者的僱用，對此無法理所當然地視為是違法，僱用勞動者的企業者，在決定是否錄用時，調查勞動者的思想・信條，因此要求該者針對與此有關的事項進行申告，判決表示無法說是違法。因此，在該判決中，信條的差別意義並未從正面受到說明，在並未區別信條的差別與思想的差別下進行處理已是非常明確而已。

---

[64] 日本最高法院大法庭判決昭和31年7月4日《最高裁判所民事判例集》第10卷第7號，頁785。
[65] 戶松秀典、君塚正臣〈第14条〉，戶松秀典＝今井功編著，《論点体系 判例憲法 1：裁判に憲法を活かすために》，頁132。

此外，即使是在下級審判決在判例上，所謂的信條的差別，在早期時使用的表現是思想・信條的差別，似乎是在結論上被視為是與思想的差別相同。

在「僱用關係」方面，日本《勞動基準法》第三條，針對資方，禁止勞動者的勞動條件的信條作為理由的差別待遇。理所當然地，此乃是讓本條的信條的差別滲透進入僱傭關係。即使在裁判，舉出本條與日本《勞動基準法》第三條之間，成為對於是否是違法的差別？判斷的根據。戶松秀典與君塚正臣指出[66]：

> 代表的案例是，日中旅行社事件的判決[67]。此事件，以日本與中國之間交流作為目的的日中旅行社，與該公司友好交流的對手國的中國的路線互相對立的日本共產黨以及日中友好協會所屬的從業人員等，不回應公司幹部的說服，由於並未從該黨以及團體脫離而遭致解僱，對此進行爭議；法院的判決是，以政治信條作為理由的解僱，違反《勞基法》第3條，因此違反公序良俗而無效。

因此，本條所謂的信條，雖然包括政治信條在內，但不僅止於政治基本信念，具有針對國家的具體政治方向的實踐志向的政治意見亦包含在內[68]，受到說明。

在「宗教上的信仰」方面，本條的信念概念，與「宗教上的信仰」有何種的關係？在判例上並不明確。雖然在《日本國憲法》第二十條中亦會受到處理，但在此說明如下。戶松秀典與君

---

[66] 戶松秀典、君塚正臣〈第14条〉，戶松秀典＝今井功編著，《論点体系 判例憲法 1：裁判に憲法を活かすために》，頁134。
[67] 日本大阪地方法院判決昭和44年12月26日《労働關係民事裁判例集》第10卷第7號，頁785。
[68] 亦可參照日本大阪地方法院判決昭和43年5月23日《案例時報》第537號，頁82。

塚正臣指出[69]：

> 《奈良縣文化觀光稅條例》，僅針對特定進入寺院者課處文化觀光稅，無法說是不合理的差別課稅，或者是以信條作為理由的差別課稅，判決不違反本條[70]。公立小學校的週日參觀授課的實施，乃是校長裁量權的範圍內，將未出席的兒童視為是缺課處理，判決[71]針對基督教徒進行差別處理，侵害信仰的自由等的違法不存在。

此外，日本「市立神戶高等工業專門學校的學生」，以其「信仰上的信條」作為理由，由於「並未」到必修的體育科目中的「劍道實際技能」上課，以「體育科目不認定」作為根據，該校校長根據「校規」針對上述學生做出「留級處分」，判決[72]不違反「本條」、第二十條、第二十六條、以及《教育基本法》第九條。然而值得注意的是，此事件的神戶高專劍道授課實際技能修課事件的「本案訴訟」，關於校長的裁量權，判決[73]已超過其範圍屬於違法。

6、「本條所謂的性別差別究竟為何？」的判例

關於性別差別的意義，根據男女肉體上生理上的差異進行差別，被容許承認為具有合理性。在傳統上，本條之下的性別差

---

[69] 戶松秀典、君塚正臣〈第14条〉，戶松秀典＝今井功編著，《論点体系 判例憲法 1：裁判に憲法を活かすために》，頁138。
[70] 日本奈良地方法院判決昭和43年7月17日《行政事件裁判例集》第19卷第7號，頁1221。
[71] 日本東京地方法院判決昭和61年3月20日《行政事件裁判例集》第37卷第3號，頁347。
[72] 日本大阪高等法院決定平成3年8月2日《判例タイムズ》第764號，頁279。
[73] 日本最高法院第二小法庭判決平成8年3月8日《最高裁判所民事判例集》第50卷第3號，頁469。

別受到如上的說明。然而,隨著時間的推移,被認為以男女在肉體上與身體上差異作為根據的待遇,再度受到檢討,上述差異的一般化被認為有所疑問。截至目前,社會學意義的文化性別差異所顯示出的「社會意義的性別(gender)」概念,受到提倡。再者,生物學上,性別不再單純地受到二分化,受到指出的是,不再受到限定以基因或者性器官的形狀進行判別。本條所禁止的性別差別,無法忽視上述的發展,判例上亦反映此種情形而進行展開。戶松秀典與君塚正臣指出[74]:

> 最高法院在日產汽車事件的判決[75]中,判決表示「就業規則中女子的退休年齡比男子規定更低的部分,歸結於僅僅單以是女子作為理由加以差別,僅根據性別的不合理差別加以規定,根據《民法》第90條的規定解釋為無效乃屬相當[76]」,即為其代表案例。

此外,針對入會權者資格差別事件,最高法院,判決[77]表示「參照規定男女的本質平等的《日本國憲法》的基本理念」,針對社會上女性的差別待遇違反公序良俗無效,呈現出判例發展已經到達的情況。

7、「本條所謂的社會身分差別究竟為何?」的判例

關於本條所謂的社會身分所指為何?戶松秀典與君塚正臣指

---

[74] 戶松秀典、君塚正臣〈第14条〉,戶松秀典=今井功編著,《論点体系 判例憲法 1:裁判に憲法を活かすために》,頁138。
[75] 日本最高法院第三小法庭判決昭和56年3月24日《最高裁判所民事判例集》第35卷第2號,頁300。
[76] 參照《日本國憲法》第14條第1項、民法第1條之2。
[77] 日本最高法院第二小法庭判決平成18年3月17日《最高裁判所民事判例集》第60卷第3號,頁773。

出[78]：

> 最高法院對於町長進行的針對職員的待命處分的訴訟，做出以下的判決[79]表示，即可成為解答。本條第1項以及地方公務員法第13條所謂的社會身分，係指人在社會上所占有的持續地位，由於受到上述的解釋，高齡不符合此種上述社會身分此原審的判斷，雖然可被認為是相當，但町長基於町條例，在人員縮編的目的下所進行的針對町職員的待命處分，在大致上以55歲以上高齡者作為基準下，關於符合者，進一步考慮勤務成績等而做出時，不違反第13條、本條第1項以及《地方公務員法》第13條。

在此所表示的「人在社會上所占有的持續地位」，係指廣義的內容，判例有各式各樣。此外，即使是廣義，如同以下最高法院判決所說明，有其一定的界限。戶松秀典與君塚正臣指出[80]：

> 在判決[81]中，由於判決表示「被告人曾是土木包商關根組的最高幹部」，此不過是呈現出本人的經歷而已，無法立即解釋為針對被告人做出基於其社會身分或者門第的差別處理。《刑法》第186條的賭博習慣者，並非本條所謂的

---

[78] 戶松秀典、君塚正臣〈第14条〉，戶松秀典＝今井功編著，《論点体系　判例憲法　1：裁判に憲法を活かすために》，頁148-149。
[79] 日本最高法院大法庭判決昭和39年5月27日《最高裁判所民事判例集》第18卷第4號，頁676。
[80] 戶松秀典、君塚正臣〈第14条〉，戶松秀典＝今井功編著，《論点体系　判例憲法　1：裁判に憲法を活かすために》，頁149。
[81] 日本最高法院第一小法庭判決昭和24年6月16日《最高裁判所刑事判例集》第3卷第7號，頁1077。

「社會身分」[82]。《刑法》第253條的業務上占有他人物品,雖然是犯罪者根據屬性在《刑法》上的身分,但無法解釋為是本條所謂的社會身分[83]。強盜犯罪等的防止及處分相關法律第3條所規定的習慣累犯者,不符合本條所謂的「社會身分」[84]。

在與社會身分差別有關的「非婚生子女的繼承分的差別」方面,規定法定繼承分的《民法》九〇〇條第四款但書的合憲性引起極大的討論。戶松秀典與君塚正臣指出[85]:

> 最高法院,在平成7年的大法庭決定[86]中,判決表示「由於現行《民法》採用法律婚主義,(中間省略)在本案規定的立法理由中,應該說亦具備合理的根據,本案規定非婚生子女的法定繼承分為婚生子女的2分之1,關於與上述立法理由之間的關聯,無法說是顯著不合理,已超越立法機關被賦予的合理裁量判斷的界限,本案規定,無法說是無合理理由的差別,無法說是違反憲法第14條第1項」。

然而,半數以上的法官指出關於該規定立法事實的變化,附加六位法官的補充意見與五位法官的反對意見,呈現出問題的難

---

[82] 日本最高法院大法庭判決昭和26年8月1日《最高裁判所刑事判例集》第5卷第9號,頁1709。
[83] 日本最高法院第一小法庭判決昭和30年8月18日《最高裁判所刑事判例集》第9卷第9號,頁2031。
[84] 日本最高法院第二小法庭判決昭和43年6月14日《最高裁判所刑事判例集》第22卷第6號,頁477。
[85] 戶松秀典、君塚正臣〈第14条〉,戶松秀典=今井功編著,《論点体系 判例憲法 1:裁判に憲法を活かすために》,頁151-152。
[86] 日本最高法院大法庭決定平成7年7月5日《最高裁判所民事判例集》第49卷第7號,頁1789。

度。此大法庭決定的原決定[87]雖然亦是合憲判斷,但另外,針對將非婚生子女的繼承分規定為婚生子女繼承分的二分之一的《民法》第九〇〇條第四款但書前段,在達成保護基於合法婚姻的家族關係的立法目的下,是否有事實上的實質關聯性值得懷疑,上述差別的待遇難以說是基於合理的根據,因此做出違反本條第一項的高等法院決定[88]亦存在。

8、「本條所謂的門第差別究竟為何?」的判例

所謂的門第,指的是家庭背景,在明治憲法下的華族即符合於此,但如同本條第二項所規定,在《日本國憲法》下,並不存在「華族及其他貴族的制度」,在判例上亦幾乎未見到。戶松秀典與君塚正臣指出最高法院判例的判決中[89]:

> 判決表示「被告人乃是土木包商業者關根組的最高幹部」,此不過是呈現出本人的經歷而已,無法立即解釋為針對被告人已進行根據其社會身分或者門第的差別待遇[90]。

此外,在下級審判例方面,市政府設置針對天皇疾病慰問的記帳目的的記帳所,乃是在社會主流觀念上相當的範圍內,由於可說是市政府所進行的公共業務,做出無法說是違反前文、本條、第十九條、第二十條、第九十二條的判決[91]存在。

---

[87] 日本東京高等法院決定平成3年3月29日《最高裁判所民事判例集》第49卷第7號,頁1822。

[88] 日本東京高等法院決定平成5年6月23日《高等裁判所民事判例集》第46卷第2號,頁43。

[89] 戶松秀典、君塚正臣〈第14條〉,戶松秀典=今井功編著,《論点体系 判例憲法 1:裁判に憲法を活かすために)》,頁164。

[90] 日本最高法院第一小法庭判決昭和24年6月16日《最高裁判所刑事判例集》第3卷第7號,頁1077。

[91] 日本千葉地方法院判決平成2年4月23日《判例タイムズ》第756號,頁185。

再者，在關於本條未明文規定舉例表示的差別事由的五個論點方面：

9、「基於國籍的差別在何種情形下受到許可？」的判例

基於國籍的差別問題大多是針對外國人的差別問題出現。已在前述本條所謂基於人種的差別？的判例，以及與針對外國人的差別之間的關係為何？的判例中，受到論述，在此不再贅述。

10、「基於年齡的差別在何種情形下受到許可？」的判例

關於年齡的差別可區分為年少者與年長者。在年少者方面，戶松秀典與君塚正臣指出[92]：

> 最高法院，《福岡縣青少年保護育成條例》以針對18歲未滿者進行性行為作為禁止處罰的對象，乃是基於年齡的差別對待，由於此乃是屬於青少年的範圍究竟如何規定？的立法政策的問題，因此判決[93]表示不違反本條。

在年長者方面，針對年長者，限制權利的典型是退休制度。《日本國憲法》亦在第七十九條、第八十條明文規定，預定法官的退休年齡制度；在日本《法院法》第五十條規定，最高法院與簡易法院的法官為七十歲，其他的法官為六十五歲作為退休年齡。日本《國家公務員法》第八十一條之二第二項規定[94]，退休年齡為六十歲。日本的地方公務員法，即以此作為基礎在條例上

---

[92] 戶松秀典、君塚正臣〈第14条〉，戶松秀典＝今井功編著，《論点体系 判例憲法 1：裁判に憲法を活かすために》，頁165-166。
[93] 日本最高法院大法庭判決昭和60年10月23日《最高裁判所刑事判例集》第39卷第6號，頁413。
[94] 在該項的但書中，亦規定與此不同的退休年齡。

規定[95]。戶松秀典與君塚正臣指出[96]：

> 最高法院針對地方公務員，判決表示「所謂的高齡」不符合「社會身分」，判斷上述的退休年齡制度合憲[97]。

此外，以五十五歲以上作為理由的町長的待命處分，亦被認為並不違反本條等[98]。

11、「在地方公共團體間的不同處理，是否可說是違反本條？」的判例

在日本東京都賣春等取締條例違反下，受到罰金刑罰的被告人，針對上述的取締，主張在各個區域有不同的規定，乃是違反憲法的平等原則的事件存在。戶松秀典與君塚正臣指出[99]：

> 最高法院判決表示，第94條既然是賦予地方公共團體條例制定權，難以說是違憲[100]。此外，地方公共團體針對青少年的淫行，在規制上各別制定條例的結果，即使是在待遇上產生差異，做出不違反本條的福岡縣青少年保護育成條例事件判決[101]，亦具有相同的旨趣。

---

[95] 日本地方公務員法第28條之2。
[96] 戶松秀典、君塚正臣〈第14條〉，戶松秀典＝今井功編著，《論点体系 判例憲法 1：裁判に憲法を活かすために》，頁167。
[97] 日本最高法院大法庭判決昭和39年5月27日《最高裁判所民事判例集》第18卷第4號，頁676。
[98] 可參照前述的日本昭和39年最高法院大法庭的判決。
[99] 戶松秀典、君塚正臣〈第14條〉，戶松秀典＝今井功編著，《論点体系 判例憲法 1：裁判に憲法を活かすために》，頁168。
[100] 日本最高法院大法庭判決昭和33年10月15日《最高裁判所刑事判例集》第12卷第14號，頁3305。
[101] 日本最高法院大法庭判決昭和60年10月23日《最高裁判所刑事判例集》第39卷第6號，頁413。

12、「在與《刑事法》的關係上所產生的差別,在何種情況下受到許可?」的判例

關於針對前科者的差別,在基於社會身分的差別的論述中已經處理,儘管在此多少有些重複,但在與《刑事法》之間的關係上所產生的差別受到爭議的判例如下。首先,在「共犯者或者共同被告人」方面,戶松秀典與君塚正臣指出[102]:

> 在共犯者或者共同被告人之間的關係上,觀察早期的最高法院的判決,關於事實審法院根據犯罪情形比其他被告人給予共同被告人之中的一個人更重的處罰[103];關於命令共犯者之一人《關稅法》上的追徵,但卻未命令其他的人[104];由於犯罪貨物所有者的共犯者免予追訴,因此無法科處該者追徵時,科處犯人的被告人取代沒收的追徵[105],上述判決皆表示不違反本條第1項。

其次,在「業務上的犯罪」方面,戶松秀典與君塚正臣指出[106]:

> 關於業務上盜用公款的《刑法》第253條不違反本條的判

---

[102] 戶松秀典、君塚正臣〈第14条〉,戶松秀典=今井功編著,《論点体系 判例憲法 1:裁判に憲法を活かすために》,頁168。
[103] 日本最高法院大法庭判決昭和23年10月6日《最高裁判所刑事判例集》第2卷第11號,頁1275。
[104] 日本最高法院大法庭判決昭和33年3月5日《最高裁判所刑事判例集》第12卷第3號,頁384。
[105] 日本最高法院大法庭判決昭和39年7月1日《最高裁判所裁判集刑事》第152號,頁1。
[106] 戶松秀典、君塚正臣〈第14条〉,戶松秀典=今井功編著,《論点体系 判例憲法 1:裁判に憲法を活かすために》,頁169-170。

玖、法之下的平等(《日本國憲法》第14條)

決[107]；《刑法》第253條的業務上占有他人物品，雖然是犯罪者屬性的《刑法》上的身分，但無法解釋為是本條所謂的社會身分的判決[108]；規定業務上過失致死傷等的重罰的《刑法》第211條，不違反本條的判決[109]存在。

13、「在與《民事法》的關係上所產生的差別，在何種情況下受到許可？」的判例

規定非婚生子女的繼承分的《民法》九〇〇條第四款但書是否違反本條，已在前述提及。除上述所提及之外，在與《民事法》的關係上所產生的差別問題，存在以下的判例。戶松秀典與君塚正臣指出[110]：

> 借用土地法第8條之2雖然是針對事情變更的借用土地條件的變更或者增加更改建築的許可，但針對此乃是違反本條或者第29條的主張，最高法院的決定是加以駁斥。

此外，關於性別同一性障礙者的性別處理特例相關法律第三條第一項之第一款乃至於第五款所規定的要件，判斷不違反本條第一項，申訴人以有子女作為理由，申請性別處理的變更，維持做出駁回的原審判決的判例[111]存在。

---

[107] 日本最高法院第三小法庭判決昭和29年9月21日《最高裁判所刑事判例集》第8卷第9號，頁1508。
[108] 日本最高法院第一小法庭判決昭和30年8月18日《最高裁判所刑事判例集》第9卷第9號，頁2031。
[109] 日本最高法院第三小法庭判決昭和32年3月26日《最高裁判所刑事判例集》第11卷第3號，頁1108。
[110] 戶松秀典、君塚正臣〈第14條〉，戶松秀典＝今井功編著，《論点体系 判例憲法 1：裁判に憲法を活かすために》，頁173。
[111] 日本東京高等法院決定平成17年5月17日《家庭裁判月報》第57卷第10號，頁99。

此外，在關於行政法規的差別處理的三個論點方面：

14、「投票價值的不平等何種程度的差距可受到容許？」的判例

關於投票價值的不平等，可從眾議院議員選舉、參議院議員選舉、都道府縣議會議員選舉進行考察。

在「眾議院議員選舉」方面，所謂中選舉區制時期的昭和四十七年十二月所舉行的眾議院議員選舉，各選區間的每一位議員的選票價值差距達到最大的四・九九比一，違反本條第一項，主張該選舉亦無效，千葉縣第一選區的選舉人基於《公職選舉法》第二〇四條，提起選舉無效訴訟。戶松秀典與君塚正臣指出[112]：

> 最高法院基於以下的理由，判斷上述的差距違反憲法為不平等[113]。憲法雖然亦要求各選舉人的投票價值的平等，其投票價值的平等，並未甚至要求各選舉針對選舉結果產生的影響力在數字上完全的一致。「眾議院議員選舉的選區劃分與議員定數分配的決定，極其多樣，複雜微妙的政策與及技術考量要素包含在內，關於在何種程度上考慮上述的各種要素，將其可在何種程度使其反映到具體的決定，基本上由於並未存在嚴格一定的客觀基準，結果是，僅能針對國會具體的決定，是否被承認為裁量權的合理行使？

---

[112] 戶松秀典、君塚正臣〈第14条〉，戶松秀典＝今井功編著，《論点体系 判例憲法 1：裁判に憲法を活かすために》，頁173。

[113] 日本最高法院大法庭判決昭和51年4月14日《最高裁判所民事判例集》第30卷第3號，頁223。關於議員定數的不均衡與選舉權的平等，亦可參照中村睦男＝常本照樹＝岩本一郎＝齊藤正彰編著，《教材憲法判例[第5版追補版]》（札幌市：北海道大学出版会，2024年），頁186-195。

而後進行決定，且在事務的性質上，在做出判斷時有必要特別慎重，不應該基於有限的資料，從有限的觀點倉促做出決定的適當與否，此乃是毋庸多言。然而，即使基於上述觀點進行思考，具體受到決定的選區劃分與議員定速分配下的選舉人的投票價值不平等在國會即使審酌通常可考慮到的各種的要素，仍然達到一般無法被認為是具有合理性的程度時，應該推定為已經超過國會合理裁量的界限，只要上述應該將不平等正當化的特別理由未受到表示，應該說僅能判斷為違憲」。

針對上述選舉定數表列，直到昭和三十九年改正後，本案選舉時已經過八年多，改正亦未再受到進行，徒然經過合理的期間；再者，定數規定由於應被視為是不可分的整體，應解釋為此在整體上帶有違憲的瑕疵。然而，依據事情因素判決的法理，駁棄該選舉無效的請求，在主文宣示出該選舉違法的旨趣。做出如上的判決表示。上述的判決表示，乃是針對其後經常受到提起所謂的眾議院議員定數不均衡訴訟的基本想法，其大綱至今仍然受到維持。

在「參議院議員選舉」方面，針對參議院的議員定數不均衡訴訟，日本最高法院的判斷，比眾議院議員定數不均衡訴訟早一步，乃是以昭和三十九年的判決作為出發點。戶松秀典與君塚正臣指出[114]：

該判決的說明是，「關於針對議員定數、選區以及各選區的議員人數分配的決定，既然立法機關的國會具有裁量權

---

[114] 戶松秀典、君塚正臣〈第14条〉，戶松秀典＝今井功編著，《論点体系　判例憲法　1：裁判に憲法を活かすために》，頁179。

188　現代立憲主義日本國憲法條文判例——國民、主權、和平、自由、平等

限，關於選區的議員人數，當選舉人的選舉權享有產生出極端的不平等時更是如此，各選區以何種的比例分配議員人數？乃是屬於立法機關國會權限的立法政策問題，議員人數的分配未依照選舉人的人口比例僅此一事，無法斷定違反憲法第14條第1項無效」。

此處的判決表示，對於在其後經常受到提起的所謂參議院議員定數不均衡訴訟的基本想法，在今日仍然受到維持。

在「都道府縣議會議員選舉」方面，都道府縣議會議員選舉的投票價值的平等問題，原則上是以關於眾議院選舉的上述判例作為基礎而受到展開。戶松秀典與君塚正臣指出[115]：

> 最高法院，針對最大差距7.45倍，特別區內的最大差距5.15倍的東京都議會選舉，做出違法的判斷[116]；針對選區的人口規模較小者，除「暫時之間，（中間省略）以條例」受到設置的特例選區[117]以外，針對3.09倍的東京都議會議員選舉，亦同樣做出違法的判斷[118]。

然而，除特例選區以外，關於二‧八一倍，整體為三‧九五倍的千葉縣議會選舉，則做出合憲的判斷[119]。

---

[115] 戶松秀典、君塚正臣〈第14条〉，戶松秀典＝今井功編著，《論点体系 判例憲法 1：裁判に憲法を活かすために》，頁180。
[116] 日本最高法院第一小法庭判決昭和59年5月17日《最高裁判所民事判例集》第38卷第7號，頁721。
[117] 《公職選舉法》第271條之2項。
[118] 日本最高法院第三小法庭判決平成3年4月23日《最高裁判所民事判例集》第45卷第4號，頁554。
[119] 日本最高法院第一小法庭判決平成元年12月18日《最高裁判所民事判例集》第43卷第12號，頁2139。

15、「福利相關立法之下的差別,在何種情況下可受到容許?」的判例

即使是關於社會保障給付,作為平等的問題受到討論者相當多。日本最高法院的朝日訴訟判決的傍論中,確認憲法第二五條第一項乃是「並非賦予具體的權利」,雖然廣泛承認國家的裁量,但在上述的訴訟判決作為起因,出現本條違反的爭論點成為福利相關立法的合憲性爭議的訴訟。戶松秀典與君塚正臣指出[120]:

> 實際上,在「可接受公共年金給付時」,規定不具兒童扶養津貼受給資格的《兒童扶養津貼法》第4條第3項第3款[121]的所謂合併給付禁止規定下,離婚後養育兒童的全盲女性,該津貼的給付受到拒絕,針對要求與此相關的處分取消的堀木訴訟,1審法院的判決是,合併給付禁止規定違反本條[122]。其後,該合併給付禁止規定雖然受到改正,但繼續受到上訴,控訴審判決[123]以及最高法院判決[124],皆針對第25條違反的爭論點做出判斷後,駁斥請求。

在上述最高法院判決中,判決理由的末端,雖然指出「回應憲法第二十五條的規定的要求,受到制定的法令中,關於接受

---

[120] 戶松秀典、君塚正臣〈第14条〉,戶松秀典=今井功編著,《論点体系 判例憲法 1:裁判に憲法を活かすために》,頁181。
[121] 昭和48年法律第93號改正前。
[122] 日本神戶地方法院判決昭和47年9月20日《最高裁判所民事判例集》第36卷第7號,頁1444。
[123] 日本大阪高等法院判決昭和50年11月10日《最高裁判所民事判例集》第36卷第7號,頁1452。
[124] 日本最高法院大法庭判決昭和57年7月7日《最高裁判所民事判例集》第36卷第7號,頁1235。

給付者的範圍、支付給付要件、支付給付金額等,當無任何合理的理由做出不當的差別待遇,或者毀損個人尊嚴的內容規定設置時,有可能產生出不同於所主張指出的憲法第十四條以及第十三條違反的問題,乃是不容否定」,但卻未作出深入的審查,而僅僅結論出該合併給付禁止規定無法說是不合理的立法而已。

16、「租稅相關立法之下的差別,在何種情況下可受到容許?」的判例

關於本論點,早期的日本最高法院大法庭判決,針對國稅罰則的通告處分,認為不具備履行財力時,規定在不需要通告下,立即告發的旨趣的日本國稅罰則取締法第十四條,不違反本條的判決[125]為首,存在著多數的判例。直到今日,針對所謂的領薪族稅金訴訟[126]的日本最高法院判決已經形成先例,其影響力極大。戶松秀典與君塚正臣指出[127]:

> 此訴訟主要是,曾經為大學教授的原告,主張《所得稅法》[128]中的薪資所得相關課稅規定整體上違反本條第1項無效,以及以該課稅規定作為根據的該課稅處分違法,要求取消提起訴訟。雖然舉出其違憲的理由是,針對領薪族,關於薪資所得扣除,不承認必要經費的實際金額扣除,僅僅一律扣除一定的額度,針對其收入額度的比例,與其他事業所得相比較低;此外,薪資所得的捕捉率比其

---

[125] 日本最高法院大法庭判決昭和28年11月25日《最高裁判所刑事判例集》第7卷第11號,頁2288。
[126] 亦被稱為是大島訴訟。
[127] 戶松秀典、君塚正臣〈第14条〉,戶松秀典=今井功編著,《論点体系 判例憲法 1:裁判に憲法を活かすために》,頁187。
[128] 昭和40年法律第33號改正前。

玖、法之下的平等(《日本國憲法》第14條) 191

他的事業所得更高;再者,其他的事業所得,根據租稅特別措施受到優待措施等,但第1審判決[129]不承認上述的理由駁回請求。因此在控訴時,控訴審法院,亦以全無理由駁回請求[130],因此進行上告。

日本最高法院大法庭,針對上述租稅法規爭議訴訟的司法審查的基本內涵,做出以下的說明。戶松秀典與君塚正臣指出[131]:

「租稅在今日,除充足國家財政需要的本來機能以外,亦具有所得的再分配、資源的適當分配、景氣調整等的各項機能,關於國民租稅負擔的規定,不僅有必要從財政、經濟、社會政策等的國家政治整體的全面性政策判斷,關於課稅要件等的規定,極其需要專門技術的判斷,亦至為明顯。因此,關於租稅法的制定成立,必須只能交付給針對國家財政、社會經濟、國民所得、國民生活等實際狀態的正確資料作為基礎的立法機關在政策上與技術上的判斷,法院基本上應該說不得不尊重上述的裁量判斷,若是如此,在租稅法領域的所得性質的差異等作為理由的處理區別,其立法目的乃是正當,並且,在該立法上,具體地受到採用的區別樣態,在與上述目的之間的關聯上只要不是明顯的不合理,無法否定其合理性,無法將此說是違反憲法第14條第1項的規定的解釋乃是相當」[132]。

---

[129] 日本京都地方法院判決昭和49年5月30日《最高裁判所民事判例集》第39卷第2號,頁272。
[130] 日本大阪高等法院判決昭和54年11月7日《最高裁判所民事判例集》第39卷第2號,頁310。
[131] 戶松秀典、君塚正臣〈第14条〉,戶松秀典=今井功編著,《論点体系 判例憲法 1:裁判に憲法を活かすために》,頁187-188。
[132] 日本最高法院大法庭判決昭和60年3月27日《最高裁判所民事判例集》第39卷第2

日本最高法院基於上述的判斷基準，在上述的事件中，針對領薪族的處理待遇，判斷屬於正當，無法承認明顯的不合理性，而做出駁回的判決。

號，頁247。

代結語　日本最高法院憲法判例的問題點與多數意見形成的背景因素

　　首先，關於日本最高法院憲法判例的問題點[1]，日本前早稻田大學教授戶波江二指出：

　　第一，違憲判決的數量極其稀少。過去，日本最高法院將法令宣判為違憲的判決，僅僅有尊親屬殺人違憲判決、《藥事法》距離限制違憲判決、《森林法》分割限制違憲判決，以及一連串的議員定數不均衡違憲判決而已。其他如同第三者所有物沒收違憲判決或者高田事件判決、法庭筆記訴訟判決般地，雖然亦是基於人權尊重的立場的判決，但整體而言，不可否認貫穿著違憲判斷消極主義的態度。關於此點，違憲審查權的適當行使，對人權保障與憲法秩序維持而言，發揮有效機能的美國、德國、法國相比至為明顯。

　　第二，欠缺批判權力的立場，絕不可僅僅發揮正當化機能即可。舉例而言，在看守所內秩序維持目的的新聞報導塗黑追認的淀號劫持報導塗銷事件判決，優先國家一方的判斷，極其缺乏接受規制的個人人權的考量。無須多言，與權力措施成為問題的情形相比，權力未直接參與的私人之間的糾紛，日本最高法院可說

---

[1] 樋口陽一＝森英樹＝高見勝利＝辻村みよ子編，《憲法理論の50年》（東京都：日本評論社，1996年），頁112-114。

已成為良好的調整者。私人之間的言論自由與名譽之間的調整成為問題的北方刊物事件中，暫且不論結論的適當與否，從本來為職業法官的立場的實質審查可說已經受到進行。

第三，就日本最高法院的合憲判決當中相當的數量在理論邏輯上顯得相當雜亂，總體而言憲法判例的理論水準相當低。在精神自由限制審查上使用合理關聯性基準的猿払事件判決，以及藉由社會主流觀念將目的效果基準要件相對化的忠魂碑事件判決等，可見到違憲審查基準緩和適用的案例。此外，透過立法裁量論做出合憲性根據的酒類販賣執照制合憲判決中，儘管事案的關聯性不存在，仍然沿用大島領薪階級稅金訴訟的立法裁量論[2]。

第四，欠缺從正面努力處理憲法問題的積極態度。麴町中內申書事件以及森川凱薩琳事件，皆省略憲法問題的討論；教科書檢定判決，回避交付大法庭，皆是如此的態度。特別有問題的是，儘管政治的潮流不斷前進，法院仍然持續採取保守的態度，此種憲法問題仍然可見到。外國人的人權即是，關於外國人的社會保障，國籍要件在實定法上幾乎全面已受到消除；儘管如此，最高法院在鹽見訴訟判決中依據立法裁量論，將舊《國民年金法》的國籍條款判為合憲。此外，在日本外國人的指紋按壓的強制，判例一貫皆是合憲論，違憲狀態藉由法務省的廢止措施而受到解除。由判例的立場可知，針對外國人上述的處理待遇雖然被視為是立法政策的問題，但判例的態度仍然未見到時代的潮流，對於人權保障的敏感度有所欠缺。

其次，此處的代結語中的「多數意見形成的背景因素」乃是根據千葉勝美[3]，前日本最高法院法官所著的《憲法判例與法官

---

[2] 戶波江二〈違憲審查権と立法裁量論〉，憲法理論研究会編，《違憲審查制の研究》（東京都：敬文堂，1993年），頁137；棟居快行〈立法裁量〉，《特集・違憲審查制の現在》ジュリスト1037號（1994年），頁201。
[3] 1970年日本東京大學法學部畢業，1972年擔任法官候任之後，歷經東京地方法院

的視線》⁴所提及的「大法庭事件的評議的實際情形」與「多數意見的形成」,「評價最高法院的憲法判斷的觀點」進行考察,藉此理解法官的思考模式。

在「大法庭事件的評議的實際情形」方面,在「上告事件」上,首先由訴訟繫屬的「小法庭」,以「重要的憲法問題等存在」作為理由,送到「大法庭」,在大法庭以「大法庭事件」作為「第一次的評議」。此時會將以下的「資料」在事前交付各個法官。千葉勝美指出⁵:

(1) 裝訂第一審以及控訴審的各個判決書的複本、上告理由書、上告受理申請理由書,以及由被上告人方所提出的反論意見書的基本資料。
(2) 輪值調查官⁶所製作的大法庭評議用的調查報告書。該調查報告書中,整理出事件的概要、本案的論點整理、相關的原審等的判斷摘要、過去的判例、學說的詳細介紹、關於各國論點的調查官所做的檢討⁷、其他各種參考資料等及其複本的大部頭報告。
(3) 小法庭繫屬時事件的主任法官,在交付大法庭之後雖然亦繼續擔任主任,但其法官在第一次評議時所製作的,以比較簡單的方式整理出論點等,關於論點或者事件的處理方針等提及的意見便簽。

法官、最高法院秘書課長、宣傳課長、最高法院民事局長、行政局長、最高法院首席調查官、仙臺高等法院院長,在2009年12月至2016年8月為止擔任最高法院法官。

⁴ 參照千葉勝美《憲法判例と裁判官の視線》(東京都:有斐閣,2020年),頁2-10。
⁵ 千葉勝美《憲法判例と裁判官の視線》,頁3。
⁶ 從小法庭繫屬時的輪值調查官一位乃至於兩位,民事、行政、刑事類別設置的首席調查官當中的一位以及首席調查官。
⁷ 會將可思考到的複數以上的想法或者問題點等以公平的立場受到整理與介紹。

在「評議」上，作為「裁判長的法官」所進行的角色是，在「第一次評議」中，在此時間點上「各個法官的意見」，根據「任命的順序」，裁判長會指定以「右邊輪流的順序」[8]進行發言，最後大多是由「裁判長論述意見」。在法官當中，在「上述的時間點」上，亦會有「保留意見的人」存在。其後整體會「自由地進行提問」或者「意見交換」，通常「不會有一對一激烈的交鋒」情形下，進入「第二次的評議」。千葉勝美指出[9]：

> 大法庭的評議，在最高法院剛成立的黎明時期另當別論，評論會議的場合上幾乎不存在激烈的交鋒，大部分是在評議以外的場合[10]，法官會個別與輪值調查官或者同仁法官進行非正式的討論，並將其結果自己的意見整理做成便簽交給輪值調查官，調查官在下一次的評議之前，會將其整理成報告書的形式，交付給全體的法官。

此時的「報告書內容」大多是，「針對其他意見的疑問」、「反論」、「自己主張的根據」的理論展開等。此外，因著「主題」等的不同，並非上述般的「文書式」的「互相往來」的方式，亦可「隨時自由的意見交換」，甚至是在「評議」會議上不斷累積「口頭上的討論」。

在「多數意見的形成」方面，日本「最高法院的多數意見」對日本的「社會與政治的影響極大」，在「此意見的形成過程」中，會進行各式各樣的「意見交換」。在意見交換中，會針對「憲法的何種條款」？「何種的憲法理念」？「受到規制的基本

---

[8] 有時亦會有以左邊輪流的方式進行發言。
[9] 千葉勝美《憲法判例と裁判官の視線》，頁4。
[10] 甚至是在評議日期之外。

人權等的性質為何」？或者是針對上述性質的「立法裁量的幅度」為何？應該採用何種的「合憲性審查基準」或者「判斷指標」？「司法部門的定位」為何？作為「司法部門」針對「立法機關」要求「立法津貼」的情形下，在「立法機關立即做出依照判決的對應」的目的下，作為「司法部門」應該做何種的「考量」？無論是在「正式或非正式」的情形下，不斷的累積複數以上的「檢討」。千葉勝美指出[11]：

> 其後，根據上述的檢討作為基礎的判決文案[12]，在主任法官的指導下，獲得輪值調查官等的合作受到製作，將此採用為多數意見的法官理所當然，即使是不給予多數意見的法官亦交付，並且進一步進行評議，提出針對判決文案的意見等，根據於此，確定可說是作為最高法院的最終判斷的多數意見。其次，以確定的多數意見作為前提，法官有時會進一步提出個別的意見，各個法官，可提出自己的補充意見、意見、反對意見確定個別意見[13]。

在經過上述的過程後所形成的憲法判斷，最終就是以判決文作為結果，上述結果成為日本最高法院正式的最終判斷。其內容，一字一句皆受到公開，將受到一般的批判，必須能經耐上述的批判，而做出最後的結果。千葉勝美指出[14]：

> 針對上述多數意見形成的背景因素等，在評議的場合下，

---

[11] 千葉勝美《憲法判例と裁判官の視線》，頁5。
[12] 即多數意見案。
[13] 關於補充意見的等的個別意見的意義，可參照千葉勝美《違憲審查——その焦点の定め方》（東京都：有斐閣，2017年）。
[14] 千葉勝美《憲法判例と裁判官の視線》，頁5-6。

有時亦會有發言與受到檢討,但除此之外,形成多數意見的法官當中,會進行整體乃至於特定法官的意見交換或者非正式的便箋的往來。此外,採用多數意見的法官之間在進行意見交換的過程中有時亦會浮現出意見的不同呈現出相互的疑問點而導致難以調整等的情形,此時較多是不斷重複個別的討論與協議。然而,多數意見形成的背景因素等的內容以及過程等,基本上並不公開。

如上所述,「日本最高法院大法庭判決」中,其「多數意見」的「形成過程」、其「背景」與「背後」的各種「因素」與」思考方式」等,雖然大多是並未直接觸及,但在「憲法」上、「法律」上的「論點」,關於其各自的「判斷的內容」與「理論的展開」,在「判決文」中「明確的說明表示」,就判決而言,即已充分滿足。

在「評價最高法院的憲法判斷的觀點」方面,在今日,日本「最高法院的憲法判斷」一旦做出,在「各個領域」,將會受到各種的「反應與評價」,但在此,應該是確實掌握「多數意見的意涵」,在「斟酌其內容」之後的「對應」受到期待。然而事實上「並非如此」,舉例而言,「擁護社會弱者」正是司法部門的功能,僅針對此點,「一看結論」,即會做出「消極或者積極的評價」,甚至做出「輕看基本人權擁護」,僅僅從其結果「譴責其立場」,或者相反地,從「被害者保護的觀點」,「給予積極評價」亦可見到。千葉勝美指出[15]:

然而,作為多數意見形成的背景因素,(中間省略)一言

---

[15] 千葉勝美《憲法判例と裁判官の視線》,頁7。

以蔽之,如同憲法判例,由於在社會上與政治上意見激烈對立的課題相關的判斷,因此有必要考量根據「司法部門的定位」有必要考量各種不同的背景因素,在社會當中的大潮流、國民意識的變化、針對司法的期待或者困惑等,進行慎重的判斷與釐清狀況的處理,要言之,以多面向且複眼地考量上述各種的要素提出結論[16]。

因此,難以做出「一刀兩斷式」地「清晰的說明表示」。在不用「多面且蜻蜓複眼式」地考慮上述各種要素下,僅強調「理念理論」或者「特定的想法的部分要素」,成為「過於明快內容」的見解,「不得不與司法部門的判斷在根本上無關」。因此,期待「上述的判斷」並「給予評價」,正是「法官」應該有的的「法思考」,關於「批判以司法功能此種見解作為基礎的判例」,會與日本「最高法院的憲法判斷」特別是「多數意見的正確評價」的觀點而有所不同。

關於「多數意見的形成過程」等的理解,以及根據上述理解「針對該判決的評價」方面,在日本「最高法院」的「憲法判例」中的「多數意見形成」,上述多數意見的「背景因素」,一般而言,即使是從「判例研究」此種的觀點,乃是饒有興味的課題。針對上述的觀點,千葉勝美指出[17]:

「最高法院法官的活動,並非僅限定在個別意見的執筆而

---

[16] 關於法官的對事物的看法,有微觀的檢討:追求該事情案件的適當正確妥當的解決,以及宏觀的觀點:該判例對於其他事件或者整體社會帶來何種的影響,對於將來社會的內涵產生何種的聯繫進行思考;皆有其必要,所謂的複眼的眼睛即所謂的蜻蜓複眼,有其必要。關於此點可參照,千葉勝美《違憲審查——その焦点の定め方》的序言。
[17] 千葉勝美《憲法判例と裁判官の視線》,頁8-9。

已,反到是形成多數意見,以此作為主軸的情況更為重要」,(中間省略)若是如此,上述多數意見如何形成與導引出?一般而言,即使針對各個判例研究,乃是極其有趣的理論課題。然而,包含下級法院在內,裁判書中所表示的最終判斷形成之前的具體過程,在與評議的祕密[18]關聯上,難以立刻解釋明白,至少在經過一定的時間之前,難以成為學術性的探討對象。(中間省略)近年,藉由整體歷史或者史料研究(中間省略)此種道地的手法,最高法院多數意見的形成過程,逐漸地受到解釋明白,(中間省略)多數意見的形成過程的背景因素受到公開下,顯示出上述的期待感[19]。

多數意見形成過程的背景因素有「各式各樣」。舉例而言,「整體國民的認識動向」或者是「司法部門在價值觀上對立的激烈課題」上,作為「法原理機關」上,是否可得到「大多數的支持與共鳴」等的「情勢判斷」[20]?根據日本的「社會經濟現今的情勢要如何展開」?「司法部門的判斷會達到何種的正反效果的評估」[21]?「立法機關或者行政機關在確實對應司法部門的判斷」的目的下,司法部門所必須做的「功課」為何?多數意見形成目的下的「相互意見調整」,或者及「其對應的存在」,上述本身皆是會引來各式各樣的「討論」,或者「引發臆測」的性質,在上述的過程當中,若將此公開,有可能會產生出「不必要

---

[18] 日本法院法第75條的規定。
[19] 赤坂幸一〈司法制度改革へのアンビヴァレンス―〉,竹﨑康行ほか編,《憲法学からみた最高裁判所裁判官》(東京都:日本評論社,2017年),頁362-363。
[20] 司法部門要避免進行獨善的判斷。
[21] 司法部門的判斷放眼將來,對於政治與經濟的歷史領域上會帶來何種的波及效果。

的誤解」或者「黨派的批判」等,會有一定的「弊端與危害」,可「預想」得到。千葉勝美指出[22]:

> 在與多數意見間形成過程的關係上,上述背景因素,若判斷真是與多數意見的評價有直接關係的因素,且有價值與必要公開時,此時基本上可用補充意見加以對應。

總而言之,關於「過去憲法判例的多數意見的評價」,基本上是「熟讀審酌判決文」,有時「補充意見」會在與「司法部門的定位」之間的關係上觸及,在此論點上亦有參考的價值,根據上述的價值,審酌該事件的「案件內容」、「性質」、「當時事件環繞的社會與政治的各種因素」或者「歷史經緯」等,法官在深思熟慮之後的「司法部門的定位」的相關各種因素進行「事後的檢討」,綜合上述的「形成過程檢討的結果」下,「找到該判決的定位」並給予評價。

---

[22] 千葉勝美《憲法判例と裁判官の視線》,頁10。

參考文獻

圖書

青井未帆,〈第1条〉,戶松秀典＝今井功編著,《論点体系　判例憲法　1：裁判に憲法を活かすために》。

青井未帆,〈第9条〉,戶松秀典＝今井功編著,《論点体系　判例憲法　1：裁判に憲法を活かすために》。

赤坂幸一〈司法制度改革へのアンビヴァレンス―〉竹﨑康行ほか編《憲法学からみた最高裁判所裁判官》（東京都：日本評論社，2017年），頁362-363。

芦部信喜著,《憲法第七版》（東京都：岩波書店，2019年），頁16。

伊藤正己,《裁判官と学者の間》（東京都：有斐閣，1993年），頁228-229。

大石真＝大沢秀介,《判例憲法　第3版》（東京都：有斐閣，2021年），頁4。

大島義則,《憲法の地図―条文と判例から学ぶ　初版第3刷》（京都市：法律文化社，2022年），頁2。

工藤達朗,〈第10条〉,戶松秀典＝今井功編著,《論点体系　判例憲法　1：裁判に憲法を活かすために》。

小泉良幸＝松本哲治＝横大道聡,《憲法判例コレクションA Collection of Case on the Constitution of Japan》（東京都：有斐閣，2021年），頁4-5。

金子勝,〈『安保』の国と集団的自衛権〉,《立正法学論集》第48巻第2號（2015年），頁35。

加藤隆之,《憲法判例から考える自由と平等：権利をめぐる多様性と妥当性》（京都市：ミネルヴァ書房，2021年），頁16、17、19、20。

櫻井智章，《判例で読む憲法　改訂版第3刷》（東京都：北樹出版，2023年），頁19-20。

宍戶常壽〈第13条〉，戶松秀典＝今井功編著，《論点体系　判例憲法　1：裁判に憲法を活かすために》。

千葉勝美《憲法判例と裁判官の視線》（東京都：有斐閣，2020年），頁2-10。

千葉勝美《違憲審查-―その焦点の定め方》（東京都：有斐閣，2017年）。

戶波江二〈違憲審査権と立法裁量論〉憲法理論研究会編《違憲審査制の研究》（東京都：敬文堂，1993年），頁137。

戶松秀典，〈前文〉，戶松秀典＝今井功編著，《論点体系　判例憲法　1：裁判に憲法を活かすために》（東京都：第一法規株式会社，2013年）。

戶松秀典〈第11条〉，戶松秀典＝今井功編著，《論点体系　判例憲法　1：裁判に憲法を活かすために》。

戶松秀典〈第3章國民的權利及義務〉，戶松秀典＝今井功編著，《論点体系　判例憲法　1：裁判に憲法を活かすために》。

戶松秀典〈第12条〉，戶松秀典＝今井功編著，《論点体系　判例憲法　1：裁判に憲法を活かすために》。

宍戶常壽〈第13条〉，戶松秀典＝今井功編著，《論点体系　判例憲法　1：裁判に憲法を活かすために》。

大島義則，《憲法の地圖―条文と判例から学ぶ　初版第3刷》（京都市：法律文化社，2022年），頁2。

戶松秀典、君塚正臣〈第14条〉，戶松秀典＝今井功編著，《論点体系　判例憲法　1：裁判に憲法を活かすために》。

中村睦男、秋山義昭、千葉卓、常本照樹編著，《教材憲法判例第三版》（札幌市：北海道大學圖書刊行會、1990年），頁371-372。

中村睦男＝常本照樹＝岩本一郎＝齊藤正彰編著，《教材憲法判例[第5版追補版]》（札幌市：北海道大学出版会，2024年），頁186-195。

野坂泰司，《憲法基本判例を読み直す　第2版》（東京都：有斐閣，2019年），頁iii。

初宿正典＝大石真＝松井茂記＝市川正人＝高井裕之＝藤井樹也＝土井真一＝毛利透＝松本哲治＝中山茂樹＝上田健介，《憲法Cases and Materials憲法訴訟Constitution Law（Constitution Trial）》（東京都：有斐閣，2007年），頁316。

樋口陽一＝佐藤幸治＝中村睦男＝浦部法穂編著，《注解法律学1・憲法1》

（東京都：青林書院，1994），頁169。

樋口陽一＝森英樹＝高見勝利＝辻村みよ子編《憲法理論の50年》（東京都：日本評論社，1996年），頁112-114。

樋口陽一，《近代立憲主義と現代国家　新装版》（東京都：勁草書房，2021年），頁323。

松尾豊，《人工知能は人間を超えるか》（東京都：角川EPUB選書，2015年），頁51-53。

棟居快行〈立法裁量〉《特集・違憲審査制の現在》ジュリスト1037號（1994年），頁201。

横大道聡編著，《憲法判例の射程　第2版》（東京都：弘文堂，2023年），頁3。

山本龍彦「プライバシーの権利，木下昌彦編集代表，《精読憲法判例—人権編》（東京都：弘文堂，2019年），頁8-9。

樋口陽一＝森英樹＝高見勝利＝辻村みよ子編《憲法理論の50年》（東京都：日本評論社，1996年），頁112-114。

戸波江二〈違憲審査権と立法裁量論〉憲法理論研究会編《違憲審査制の研究》（東京都：敬文堂，1993年），頁137。

棟居快行〈立法裁量〉《特集・違憲審査制の現在》ジュリスト1037號（1994年），頁201。

千葉勝美《憲法判例と裁判官の視線》（東京都：有斐閣，2020年），頁2-10。

千葉勝美《違憲審査——その焦点の定め方》（東京都：有斐閣，2017年）。

日本《法院法》第75條の規定。

赤坂幸一〈司法制度改革へのアンビヴァレンス—〉竹﨑康行ほか編《憲法学からみた最高裁判所裁判官》（東京都：日本評論社，2017年），頁362-363。

櫻井智章，《判例で読む憲法　改訂版第3刷》（東京都：北樹出版，2023年），頁19-20。

戸松秀典，〈前文〉，戸松秀典＝今井功編著，《論点体系　判例憲法　1：裁判に憲法を活かすために》（東京都：第一法規株式會社，2013年）。

Ray Curzweil, The Singularity Is Near: When Humans Transcend Biology (2005).

判例

最高法院

日本最高法院大法庭判決昭和23年3月12日《最高裁判所刑事判例集》第2卷第3號，頁191。

日本最高法院大法庭判決昭和23年3月24日《最高裁判所裁判集刑事》第1號，頁535。

日本最高法院大法庭判決昭和23年5月26日《最高裁判所刑事判例集》第2卷第6號，頁529。

日本最高法院大法庭判決昭和23年10月6日《最高裁判所刑事判例集》第2卷第11號，頁1275。

日本最高法院第三小法庭判決昭和23年11月9日《最高裁判所裁判集刑事》第5號，頁179。

日本最高法院大法庭判決昭和24年5月18日《最高裁判所刑事判例集》第3卷第6號，頁839。

日本最高法院第一小法庭判決昭和24年6月16日《最高裁判所刑事判例集》第3卷第7號，頁1077。

日本最高法院大法庭判決昭和25年6月7日《最高裁判所刑事判例集》第4卷第6號，頁956。

日本最高法院大法庭判決昭和25年10月11日《最高裁判所刑事判例集》第4卷第10號，頁2029。

日本最高法院大法庭判決昭和25年10月11日《最高裁判所刑事判例集》第4卷第10號，頁2037。

日本最高法院大法庭判決昭和25年11月22日《最高裁判所刑事判例集》第4卷第11號，頁2029。

日本最高法院大法庭判決昭和25年11月22日《最高裁判所刑事判例集》第4卷第11號，頁2380；栗山茂法官意見。

日本最高法院大法庭決定昭和26年4月4日《最高裁判所民事判例集》第5卷第5號，頁214。

日本最高法院大法庭判決昭和26年7月11日《最高裁判所刑事判例集》第5卷第8號，頁1419。

日本最高法院大法庭判決昭和26年8月1日《最高裁判所刑事判例集》第5卷第9號，頁1709。

日本最高法院大法庭判決昭和28年4月8日《最高裁判所刑事判例集》第7卷第4號，頁775。

日本最高法院大法庭判決昭和28年11月25日《最高裁判所刑事判例集》第7卷第11號，頁2288。

日本最高法院第三小法庭判決昭和29年9月21日《最高裁判所刑事判例集》第8卷第9號，頁1508。

日本最高法院大法庭判決昭和30年6月8日《最高裁判所民事判例集》第9卷第7號，頁888。

日本最高法院第一小法庭判決昭和30年8月18日《最高裁判所刑事判例集》第9卷第9號，頁2031。

日本最高法院大法庭判決昭和30年12月14日《最高裁判所刑事判例集》第9卷第13號，頁2756。

日本最高法院大法庭判決昭和31年7月4日《最高裁判所民事判例集》第10卷第7號，頁785。

日本最高法院大法庭判決昭和32年3月13日《最高裁判所刑事判例集》第11卷第3號，頁997。

日本最高法院第三小法庭判決昭和32年3月26日《最高裁判所刑事判例集》第11卷第3號，頁1108。

日本最高法院大法庭判決昭和33年3月5日《最高裁判所刑事判例集》第12卷第3號，頁384。

日本最高法院大法庭判決昭和33年3月12日《最高裁判所刑事判例集》第12卷第3號，頁501。

日本最高法院大法庭判決昭和33年4月16日《最高裁判所刑事判例集》第12卷第6號，頁942。

日本最高法院大法庭判決昭和33年9月10日《最高裁判所民事判例集》第12卷第13號，頁1969；田中耕太郎法官等的補充意見。

日本最高法院大法庭判決昭和33年10月15日《最高裁判所刑事判例集》第12卷第14號，頁3305。

日本最高法院第二小法庭判決昭和34年7月24日《最高裁判所刑事判例集》第13

卷第8號，頁1212。

日本最高法院大法庭判決昭和34年12月16日《最高裁判所刑事判例集》第13卷第13號，頁3225。

日本最高法院大法庭判決昭和35年6月8日《最高裁判所民事判例集》第14卷第7號，頁1206。

日本最高法院大法庭判決昭和35年7月20日《最高裁判所刑事判例集》第14卷第9號，頁1197。

日本最高法院大法庭判決昭和36年2月15日《最高裁判所刑事判例集》第15卷第2號，頁347。

日本最高法院大法庭判決昭和36年4月5日《最高裁判所民事判例集》第15卷第4號，頁657。

日本最高法院大法庭判決昭和37年10月24日《最高裁判所民事判例集》第16卷第10號，頁143。

日本最高法院大法庭判決昭和37年12月5日《最高裁判所刑事判例集》第16卷第12號，頁1661。

日本最高法院第二小法庭判決昭和38年4月5日《最高裁判所裁判集民事》第65號，頁437。

日本最高法院第三小法庭判決昭和38年9月17日《最高裁判所民事判例集》第17卷第8號，頁968。

日本最高法院大法庭判決昭和39年5月27日《最高裁判所民事判例集》第18卷第4號，頁676。

日本最高法院大法庭判決昭和39年7月1日《最高裁判所裁判集刑事》第152號，頁1。

日本最高法院大法庭判決昭和39年11月18日《最高裁判所刑事判例集》第18卷第9號，頁579。

日本最高法院大法庭判決昭和40年7月14日《最高裁判所民事判例集》第19卷第5號，頁1198（和教組事件）。

日本最高法院大法庭判決昭和41年10月26日《最高裁判所刑事判例集》第20卷第8號，頁901。

日本最高法院第一小法庭判決昭和42年5月25日《最高裁判所民事判例集》第21卷第4號，頁937。

日本最高法院第二小法庭判決昭和43年6月14日《最高裁判所刑事判例集》第22卷第6號，頁477。

日本最高法院大法庭判決昭和43年11月27日《最高裁判所民事判例集》第22卷第12號，頁2808。

日本最高法院大法庭判決昭和43年12月18日《最高裁判所刑事判例集》第22卷第3號，頁1549。

日本都教組事件：最高法院大法庭判決昭和44年4月2日《最高裁判所刑事判例集》第23卷第5號，頁305。

日本最高法院大法庭判決昭和44年4月2日《最高裁判所刑事判例集》第23卷第5號，頁685。

日本最高法院大法庭判決昭和44年12月24日《最高裁判所刑事判例集》第23卷第12號，頁1625。

日本最高法院大法庭判決昭和44年12月24日《最高裁判所民事判例集》第23卷第12號，頁2595。

日本最高法院大法庭判決昭和45年6月24日《最高裁判所民事判例集》第24卷第6號，頁625。

日本最高法院大法庭判決昭和45年9月16日《最高裁判所民事判例集》第24卷第10號，頁1410。

日本最高法院第二小法庭判決昭和45年12月18日《最高裁判所民事判例集》第24卷第13號，頁2151。

日本最高法院第三小法庭判決昭和47年6月27日《最高裁判所民事判例集》第26卷第5號，頁1067。

日本最高法院大法庭判決昭和48年4月4日《最高裁判所刑事判例集》第27卷第3號，頁265

日本最高法院大法庭判決昭和48年12月12日《最高裁判所民事判例集》第27卷第11號，頁1536。

日本最高法院第三小法庭判決昭和49年7月19日《最高裁判所民事判例集》第28卷第5號，頁790。

日本最高法院大法庭判決昭和49年11月6日《最高裁判所刑事判例集》第28卷第9號，頁393。

日本最高法院大法庭判決昭和50年4月30日《最高裁判所民事判例集》第29卷第4號，頁572。

日本最高法院大法庭判決昭和51年4月14日《最高裁判所民事判例集》第30卷第3號，頁223。

日本旭川學力事件：日本最高法院大法庭判決昭和51年5月21日《最高裁判所刑

事判例集》第30卷第5號,頁615。

日本最高法院第三小法庭判決昭和52年4月19日《稅務訴訟資料》第94號,頁138。

日本最高法院大法庭判決昭和52年7月13日《最高裁判所民事判例集》第31卷第4號,頁533。

日本最高法院大法庭判決昭和53年10月4日《最高裁判所民事判例集》第32卷第7號,頁1223。

日本最高法院第三小法庭判決昭和56年3月24日《最高裁判所民事判例集》第35卷第2號,頁300。

日本最高法院第三小法庭判決昭和56年4月14日《高等裁判所民事判例集》第35卷第3號,頁620。

日本最高法院大法庭判決昭和56年12月16日《最高裁判所民事判例集》第35卷第10號,頁1369。

日本最高法院大法庭判決昭和57年7月7日《最高裁判所民事判例集》第36卷第7號,頁1235。

日本最高法院第一小法庭判決昭和57年9月9日《最高裁判所民事判例集》第36卷第9號,頁1679。

日本最高法院大法庭判決昭和58年6月22日《最高裁判所民事判例集》第37卷第5號,頁793(淀號劫持報導塗銷事件)。

日本最高法院第一小法庭判決昭和58年7月14日《訟務月報》第30卷第1號,頁151。

日本最高法院第一小法庭決定昭和58年10月13日《最高裁判所裁判集民事》第140號,頁109。

日本最高法院第二小法庭判決昭和58年11月25日《最高裁判所裁判集民事》第140號,頁527。

日本最高法院第一小法庭判決昭和59年5月17日《最高裁判所民事判例集》第38卷第7號,頁721。

日本最高法院大法庭判決昭和60年3月27日《最高裁判所民事判例集》第39卷第2號,頁247。

日本最高法院大法庭判決昭和60年10月23日《最高裁判所刑事判例集》第39卷第6號,頁413。

日本最高法院第三小法庭判決昭和60年11月12日《最高裁判所裁判集刑事》第21號,頁79。

日本最高法院第二小法庭判決昭和61年2月14日《最高裁判所刑事判例集》第40

卷第1號,頁48。

日本最高法院大法庭判決昭和61年6月11日《最高裁判所民事判例集》第40卷第4號,頁872。

日本最高法院第二小法庭判決昭和61年7月7日《最高裁判所裁判集刑事》第241號,頁79

日本最高法院第二小法庭判決62年6月26日《最高裁判所裁判集民事》第151號,頁147。

日本最高法院第三小法庭判決63年2月16日《最高裁判所民事判例集》第42卷第2號,頁27。

日本最高法院大法庭判決昭和63年6月1日《最高裁判所民事判例集》第42卷第5號,頁277(殉職自衛官聯合祭祀訴訟)。

日本最高法院第三小法庭判決昭和63年12月20日《最高裁判所裁判集民事》第155號,頁377。

日本最高法院第一小法庭判決平成元年3月2日《最高裁判所裁判集民事》第156號,頁271。

日本最高法院第一小法庭判決平成元年4月13日《最高裁判所裁判集民事》第156號,頁549。

日本最高法院第三小法庭判決平成元年6月20日《最高裁判所民事判例集》第43卷第6號,頁385。

日本最高法院判決令和元年7月22日《最高裁判所民事判例集》第73卷第3號,頁245。

日本最高法院第二小法庭判決平成元年11月20日《最高裁判所民事判例集》第43卷第10號,頁1160。

日本最高法院第一小法庭判決平成元年12月14日《最高裁判所刑事判例集》第43卷第13號,頁841

日本最高法院第一小法庭判決平成元年12月18日《最高裁判所民事判例集》第43卷第12號,頁2139。

日本最高法院第三小法庭判決平成2年6月5日《最高裁判所裁判集民事》第160號,頁135。

日本最高法院第二小法庭判決平成2年9月28日《最高裁判所刑事判例集》第44卷第6號,頁463(澀谷暴動事件)。

日本最高法院第三小法庭判決平成3年4月23日《最高裁判所民事判例集》第45卷第4號,頁554。

日本最高法院第三小法庭判決平成3年9月3日《判例タイムズ》第770號，頁157。
日本最高法院第三小法庭判決平成4年4月28日《訟務月報》第38卷第12號，頁2579。
日本最高法院大法庭判決平成4年7月1日《最高裁判所民事判例集》第46卷第5號，頁437（成田新法事件）。
日本最高法院第一小法庭判決平成4年9月10日《稅務訴訟資料》第151號，頁147。
日本最高法院第一小法庭判決平成4年11月16日《最高裁判所裁判集民事》第166號，頁575。
日本最高法院大法庭判決平成5年1月20日《最高裁判所民事判例集》第47卷第1號，頁67。
日本最高法院第二小法庭判決平成5年2月26日《判例タイムズ》第812號，頁166。
日本最高法院第一小法庭判決平成5年2月25日《最高裁判所裁判集民事》第167號，頁359。
日本最高法院第一小法庭判決平成5年2月25日《最高裁判所民事判例集》第47卷第2號，頁643。
日本最高法院第三小法庭判決平成5年3月16日《最高裁判所民事判例集》第47卷第5號，頁3483。
日本最高法院第二小法庭判決平成5年10月24日平成4年（行ツ）第17號公刊物未登載。）
日本最高法院第一小法庭判決平成6年1月20日《訟務月報》第41卷第4號，頁523。
日本最高法院第三小法庭判決平成6年2月8日《最高裁判所民事判例集》第48卷第2號，頁149（寫實小說「逆轉」事件）。
日本最高法院第三小法庭判決平成7年2月28日《最高裁判所民事判例集》第49卷第2號，頁639。
日本最高法院第三小法庭判決平成7年3月7日《最高裁判所民事判例集》第49卷第3號，頁687。
日本最高法院大法庭決定平成7年7月5日《最高裁判所民事判例集》第49卷第7號，頁1789。
日本最高法院第三小法庭判決平成7年9月5日《裁判所時報》第1154號，頁1。
日本最高法院第三小法庭決定平成7年9月26日《最高裁判所裁判集刑事》第266號，頁1009。
日本最高法院第三小法庭判決平成7年12月15日《最高裁判所刑事判例集》第49卷第10號，頁842。

日本最高法院第一小法庭判決平成8年2月22日《訟務月報》第43卷第2號，頁754。
日本最高法院第二小法庭判決平成8年3月8日《最高裁判所民事判例集》第50卷第3號，頁469。
日本最高法院第一小法庭判決平成8年7月18日《裁判所時報》第1176號，頁1。
日本最高法院大法庭判決平成8年8月28日《最高裁判所民事判例集》第50卷第7號，頁1952（沖繩代理簽署訴訟）。
日本最高法院第一小法庭判決平成9年3月13日《最高裁判所民事判例集》第51卷第3號，頁1233。
日本最高法院第一小法庭判決平成9年3月13日《最高裁判所民事判例集》第51卷第3號，頁1453。
日本第3次家永教科書訴訟：最高法院第三小法庭判決平成9年8月29日《最高裁判所民事判例集》第51卷第7號，頁2921。
日本最高法院第二小法庭判決平成9年10月17日《最高裁判所民事判例集》第51卷第9號，頁3925。
日本日本最高法院第一小法庭判決平成9年11月17日《最高裁判所刑事判例集》第51卷第10號，頁855。
日本最高法院第二小法庭判決平成10年4月10日《最高裁判所民事判例集》第52卷第3號，頁776。
日本最高法院第三小法庭判決平成10年11月10日《判例地方自治》第187號，頁96。
日本最高法院第二小法庭判決平成10年11月20日平成10年（行ツ）第143號公刊物未登載。
日本最高法院第一小法庭判決平成11年1月21日《最高裁判所裁判集民事》第191號，頁127。
日本最高法院大法庭判決平成11年3月24日《最高裁判所民事判例集》第53卷第3號，頁514。
日本最高法院第三小法庭決定平成11年12月16日《最高裁判所刑事判例集》第53卷第9號，頁1327。
日本最高法院第一小法庭判決平成11年12月20日《訟務月報》第47卷第7號，頁1787。
日本最高法院第三小法庭判決平成12年2月29日《最高裁判所民事判例集》第54卷第2號，頁582（耶和華見證人拒絕輸血訴訟）。
日本最高法院第三小法庭判決平成13年3月13日《訟務月報》第48卷第8號，頁

1961。

日本最高法院第二小法庭判決平成13年11月16日《裁判所時報》第1303號，頁2。

日本最高法院第三小法庭判決平成13年11月27日《最高裁判所民事判例集》第55卷第6號，頁1154。

日本最高法院第一小法庭判決平成14年4月25《裁判所時報》第1314號，頁1。

日本最高法院第一小法庭判決平成14年7月18日《裁判所時報》第1319號，頁6。

日本最高法院第三小法庭判決平成14年9月10日《判例タイムス》第1104號，頁147。

日本最高法院第三小法庭判決平成14年9月24日《裁判所時報》第1324號，頁5（「在石頭中游泳的魚」事件）。

日本最高法院第二小法庭判決平成14年9月27日《裁判所時報》第1324號，頁12。

日本最高法院第二小法庭判決平成14年11月22日《最高裁判所裁判集民事》第208號，頁495。

日本最高法院第二小法庭判決平成15年3月14日《最高裁判所民事判例集》第57卷第3號，頁229（長良川事件）。

日本最高法院第二小法庭判決平成15年9月5日《判例タイムズ》第1246號，頁218。

日本最高法院第二小法庭判決平成15年9月12日《最高裁判所民事判例集》第57卷第8號，頁973。

日本最高法院第一小法庭判決平成15年12月4日《訟務月報》第50卷第10號，頁2952。

日本最高法院第一小法庭判決平成15年12月11日《最高裁判所刑事判例集》第57卷第11號，頁1147。

日本最高法院第三小法庭判決平成16年12月7日《裁判所時報》第1377號，頁3。

日本最高法院大法庭判決平成17年1月26日《最高裁判所民事判例集》第59卷第1號，頁128。

日本最高法院第一小法庭判決平成17年7月14日《最高裁判所刑事判例集》第59卷第6號，頁1569。

日本最高法院第一小法庭判決平成17年11月10日《最高裁判所民事判例集》第59卷第9號，頁2428。

日本最高法院第二小法庭判決平成18年1月20日《最高裁判所民事判例集》第60卷第1號，頁137。

日本最高法院第二小法庭判決平成18年3月17日《最高裁判所民事判例集》第60

卷第3號，頁773。
日本最高法院第一小法庭判決平成18年3月30日《最高裁判所民事判例集》第60卷第3號，頁948。
日本最高法院第二小法庭判決平成18年6月23日《訟務月報》第53卷第5號，頁1615。
日本最高法院第一小法庭判決平成19年4月27日《訟務月報》第54卷第7號，頁1511。
日本最高法院第三小法庭決定平成19年10月19日《家庭裁判月報》第60卷第3號，頁36。
日本最高法院第一小法庭判決平成20年3月6日《最高裁判所民事判例集》第62卷第3號，頁665（住民基本帳簿制度訴訟）。
日本最高法院第二小法庭決定平成20年4月15日《最高裁判所刑事判例集》第62卷第5號，頁1398。
日本最高法院大法庭判決平成20年6月4日《最高裁判所民事判例集》第62卷第6號，頁1367（《國籍法》違憲判決）。
日本最高法院第一小法庭決定平成20年7月17日《判例タイムズ》第1302號，頁114。
日本最高法院第三小法庭平成22年6月29日《裁判所時報》第1510號，頁4。
日本最高法院第三小法庭判決平成23年10月25日《最高裁判所民事判例集》第65卷第7號，頁2923。
日本最高法院第一小法庭判決平成24年2月2日《最高裁判所刑事判例集》第66卷第2號，頁89。
日本最高法院第二小法庭決定平成24年9月4日平成22年（あ）裁判所ホームページ。
日本最高法院第二小法庭判決平成24年12月7日《裁判所時報》第1569號，頁2（社會保險廳職員事件千葉勝美法官的補充意見）。

高等法院

日本東京高等法院判決昭和22年6月28日《下級裁判所刑事裁判例集》第2卷第6號，頁607。
日本東京高等法院判決昭和28年5月13日《下集裁判所民事裁判例集》第4卷第5號，頁695。

日本大阪高等法院判決昭和28年6月8日《高等裁判所刑事判決特報》第28號，頁37。
日本東京高等法院判決昭和35年9月19日《東京高等裁判所判決時報（刑事）》第11卷第9號，頁243。
日本東京高等法院決定昭和45年4月13日《高等裁判所民事判例集》第23卷第2號，頁172（「情慾+虐殺」事件）。
日本名古屋高等法院判決昭和47年12月5日《刑事裁判月報》第4卷第12號，頁1920。
日本名古屋高等法院判決昭和50年7月16日《判例時報》第791號，頁71。
日本大阪高等法院判決昭和50年11月10日《最高裁判所民事判例集》第36卷第7號，頁1452。
日本大阪高等法院判決昭和50年11月27日《最高裁判所民事判例集》第35卷第10號，頁1881。
日本東京高等法院決定昭和51年9月28日《東京高等裁判所判決時報（民事）》第27卷第9號，頁217。
日本大阪高等法院判決昭和54年11月7日《最高裁判所民事判例集》第39卷第2號，頁310。
日本東京高等法院判決昭和55年7月29日《高等裁判所刑事判例集》第33卷第3號，頁270。
日本東京高等法院判決昭和56年7月7日《下級裁判所民事裁判例集》第43卷第6號，頁590。
日本東京高等法院判決昭和57年6月23日《行政事件裁判例集》第33卷第6號，頁1367。
日本名古屋高等法院判決昭和60年4月12日《下級裁判所民事裁判例集》第34卷第1=4號，頁461。
日本東京高等法院判決昭和63年3月24日《判例タイムズ》第664號，頁260。
日本大阪高等法院判決昭和63年3月29日《判例時報》第1309號，頁43。
日本東京高等法院判決昭和63年4月1日《判例タイムズ》第681號，頁228。
日本東京高等法院判決平成元年3月1日未登載公刊物。
日本高松高等法院判決平成2年2月19日《判例時報》第1362號，頁44。
日本大阪高等法院判決平成2年3月22日《判例タイムズ》第734號，頁180。
日本東京高等法院決定平成3年3月29日《最高裁判所民事判例集》第49卷第7號，頁1822。

日本大阪高等法院決定平成3年8月2日《判例タイムズ》第764號,頁279。
日本東京高等法院判決平成3年9月17日《判例タイムズ》第771號,頁116。
日本福岡高等法院判決平成3年9月30日《行政事件裁判例集》第42卷第8=9號,頁1547。
日本東京高等法院平成4年12月18日《高等裁判所民事判例集》第45卷第3號,頁212。
日本東京高等法院判決平成5年2月1日《判例時報》第1476號,頁163。
日本東京高等法院決定平成5年6月23日《高等裁判所民事判例集》第46卷第2號,頁43。
日本名古屋高等法院金澤分院判決平成6年12月26日《訟務月報》第42卷第1號,頁97(小松基地噪音公害訴訟)。
日本福岡高等法院那霸支部判決平成8年3月25日《下級裁判所民事裁判例集》第50卷第7號,頁2157。
日本仙臺高等法院判決平成9年8月29日《労働判例》第40卷第4號,頁872。
日本東京高等法院判決平成9年11月26日《高等裁判所民事判例集》第50卷第3號,頁459。
日本大阪高等法院判決平成10年2月3日平成7年(行コ)第69號公刊物未登載。
日本東京高等法院判決平成10年2月9日《高等裁判所民事判例集》第51卷第1號,頁1。
日本東京高等法院判決平成10年7月13日《訟務月報》第45卷第10號,頁1803。
日本東京高等法院判決平成11年8月30日《訟務月報》第46卷第8號,頁3449。
日本名古屋高等法院黃金澤支部判決平成12年2月16日《判例タイムス》第1056號,頁188。
日本東京高等法院判決平成12年10月25日《訟務月報》第49卷第7號,頁1895。
日本廣島高等法院判決平成13年3月29日《訟務月報》第49卷第4號,頁1101(關釜前慰安婦訴訟)。
日本東京高等法院判決平成14年3月28日《判例タイムズ》第1131號,頁139。
　　日本東京高等法院判決平成16年2月25日《判例時報》第1860號,頁70。
日本東京高等法院決定平成16年3月31日《判例タイムズ》第1157號,頁138(週刊文春事件)。
日本東京高等法院判決平成16年12月15日《訟務月報》第51卷第11號,頁2813。
日本東京高等法院判決平成17年3月18日《訟務月報》第51卷第11號,頁2858。
日本東京高等法院判決平成17年5月13日《訟務月報》第53卷第1號,頁75。

日本東京高等法院決定平成17年5月17日《家庭裁判月報》第57卷第10號，頁99。
日本名古屋高等法院金澤分院判決平成18年1月11日《判例時報》第1937號，頁143。
日本大阪高等法院判決平成18年11月30日《最高裁判所民事判例集》第62卷第3號，頁777。
日本大阪高等法院決定平成19年6月6日平成19年（ラ）公共刊物未登載。
日本東京高等法院判決平成19年6月21日《訟務月報》第53卷第11號，頁2995。
日本名古屋高等法院判決平成20年4月17日《判例タイムズ》第1313號，頁137。
日本東京高等法院判決平成27年7月19日《訟務月報》第53卷第1號，頁138。

地方法院

日本東京刑事地方法院判決昭和21年11月2日《下級裁判所刑事裁判例集》第2卷第6號，頁603。
日本東京地方法院判決昭和34年3月30日《下級裁判所刑事裁判例集》第13卷第13號，頁3305。
日本福島地方法院判決昭和36年11月4日《下集裁判所刑事裁判例集》第3卷第11=12號，頁105。
日本札幌地方法院判決昭和37年1月18日《下集裁判所刑事裁判例集》第4卷第1=2號，頁69。
日本東京地方法院判決昭和38年7月29日《行政事件裁判例集》第14卷第7號，頁1316。
日本東京地方法院判決昭和38年9月18日《最高裁判所民事判例集》第25卷第7號，頁1053。
日本福岡地方法院小倉分院判決昭和39年3月16日《下集裁判所刑事裁判例集》第6卷第3=4號，頁241。
日本東京地方法院判決昭和39年9月28日《下級裁判所民事裁判例集》第15卷第8號，頁2317。
日本東京地方法院判決昭和40年8月9日《下級裁判所刑事裁判例集》第7卷第8號，頁1603。
日本東京地方法院判決昭和42年12月12日《行政事件裁判例集》第18卷第12號，頁1592。
日本大阪地方法院判決昭和43年5月23日《案例時報》第537號，頁82。

日本奈良地方法院判決昭和43年7月17日《行政事件裁判例集》第19卷第7號，頁1221。

日本大阪地方法院判決昭和44年12月26日《勞働關係民事裁判例集》第10卷第7號，頁785。

日本神戶地方法院判決昭和45年7月18日《判例タイムズ》第253號，頁153。

日本神戶地方法院判決昭和47年9月20日《最高裁判所民事判例集》第36卷第7號，頁1444。

日本札幌地方法院判決昭和48年9月7日《下級裁判所民事裁判例集》第36卷第9號，頁1791。

日本京都地方法院判決昭和49年5月30日《最高裁判所民事判例集》第39卷第2號，頁272。

日本名古屋地方法院判決昭和49年10月3日《判例タイムズ》第320號，頁237。

日本水戶地方法院判決昭和52年2月17日《下級裁判所民事裁判例集》第43卷第6號，頁506。

日本水戶地方法院判決昭和52年5月27日《下級裁判所民事裁判例集》第43卷第6號，頁506。

日本札幌地方法院判決昭和52年12月26日《判例タイムズ》第336號，頁307。

日本福岡地方法院小倉分院判決昭和54年8月31日《判例タイムズ》第395號，頁45。

日本大阪地方法院判決昭和55年3月24日《訟務月報》第26卷第8號，頁1301。
《判例タイムズ》第1006號，頁146。

日本東京地方法院判決昭和55年5月15日《刑事手續法規に關する通達・質疑應答集》第246號，頁6。

日本札幌地方法院判決昭和55年10月14日《判例タイムズ》第428號，頁145。

日本東京地方法院判決昭和56年3月30日《行政事件裁判例集》第33卷第6號，頁1374。

日本東京地方法院判決昭和59年5月18日《訟務月報》第30卷第11號，頁2011。

日本東京地方法院判決昭和61年3月20日《行政事件裁判例集》第37卷第3號，頁347。

日本橫濱地方法院判決昭和62年1月29日《刑事手續法規に關する通達・質疑應答集》第263號，頁1062。

日本橫濱地方法院判決昭和62年1月29日《刑事手續法規に關する通達・質疑應答集》第263號，頁1063。

日本長崎地佐世保支部判決昭和62年3月11日《刑事手続法規に關する通達・質疑応答集》第263號，頁163
日本高知地方法院判決昭和63年6月6日《行政事件裁判例集》第39卷第5=6號，頁469。
日本東京地方法院判決昭和62年3月27日《判例タイムズ》第630號，頁234。
日本千葉地方法院判決昭和62年10月30日《判例時報》第1266號，頁81。
日本東京地方法院判決昭和63年6月13日《判例タイムズ》第681號，頁133。
日本東京地方法院判決平成元年1月26日《行政事件裁判例集》第40卷第1=2號，頁36。
日本東京地方法院判決平成元年4月18日《訟務月報》第36卷第11號，頁1973。
日本千葉地方法院判決平成元年10月24日《刑事手続法規に關する通達・質疑応答集》第263號，頁237。
日本千葉地方法院判決平成2年3月22日《刑事手続法規に關する通達・質疑応答集》第263號，頁473。
日本福岡地方法院判決平成2年3月23日『行政事件裁判例集》第41卷第3號，頁748。
日本千葉地方法院判決平成2年4月23日《判例タイムズ》第756號，頁185。
日本那霸地方法院判決平成2年5月29日《行政事件裁判例集》第41卷第5號，頁947。
日本東京地方法院判決平成3年3月28日《判例タイムズ》第766號，頁232。
日本東京地方法院判決平成3年5月27日《高等裁判所民事判例集》第45卷第1號，頁68。
日本仙臺地方法院決定平成4年2月28日《判例タイムズ》第789號，頁107。
日本東京地方法院判決平成4年5月21日《判例タイムズ》第833號，頁265。
日本福岡地方法院判決平成5年8月31日《判例タイムズ》第854號，頁195。
日本東京地方法院判決平成5年11月19日《訟務月報》第40卷第12號，頁2879。
日本大阪地方法院判決平成6年4月27日《判例タイムズ》第861號，頁160。
日本大阪地方法院判決平成7年10月25日《訟務月報》第42卷第11號，頁2653。
日本大阪地方法院判決平成8年3月27日《判例タイムズ》第927號，頁94。
日本東京地方法院判決平成8年5月16日《最高裁判所民事判例集》第59卷第1號，頁184。
日本大阪地方法院判決平成8年5月20日（關西PKO訴訟）《訟務月報》第44卷第2號，頁125。

日本東京地方法院判決平成8年9月9日《訟務月報》第44卷第4號,頁462。
日本東京地方法院判決平成9年3月12日《判例時報》第1619號,頁45。
日本札幌地方法院判決平成9年3月27日《訟務月報》第44卷第10號,頁1798（二風谷水壩訴訟）。
日本山口地下關分院判決平成10年4月27日《判例タイムズ》第1081號,頁137。
日本富山地方法院判決平成10年12月16日《判例タイムス》第995號,頁76。
日本東京地方法院判決平成11年3月24日《訟務月報》第45卷第10號,頁1842。
日本東京地方法院判決平成11年8月27日《判例タイムズ》第1060號,頁228。
日本靜岡地方法院判決平成12年1月27日《判例タイムズ》第1067號,頁173。
日本東京地方法院判決平成13年2月6日《判例時報》第1748號,頁144。
日本熊本地方法院判決平成13年5月11日《訟務月報》第48卷第4號,頁1798（熊本麻瘋病訴訟）。
日本東京地方法院判決平成13年5月30日《判例タイムズ》第1138號,頁167。
日本東京地方法院判決平成13年6月13日《訟務月報》第48卷第12號,頁2916。
日本東京地方法院判決平成13年7月23日《判例タイムズ》第1131號,頁142。
日本東京地方法院判決平成14年3月29日《判例時報》第1804號,頁50。
日本東京地方法院判決平成14年6月28日《訟務月報》第49卷第11號,頁3015。
日本札幌地方法院判決平成14年11月11日《判例タイムズ》第1150號,頁185。
日本東京地方法院判決平成15年3月11日《訟務月報》第50卷第2號,頁439。
日本東京地方法院判決平成15年5月28日《判例タイムズ》第1136號,頁114。
日本東京地方法院判決平成15年12月2日《稅務訴訟資料》第253號第9480順號。
日本名古屋地方法院判決平成16年7月16日《判例タイムズ》第1195號,頁191。
日本東京地方法院判決平成16年10月15日《訟務月報》第54卷第3號,頁591。
日本名古屋地方法院判決平成17年5月26日《判例タイムズ》第1275號,頁144。
日本甲府地方法院判決平成17年10月25日《判例タイムズ》第1194號,頁117。
日本大阪地方法院決定平成18年1月25日《判例タイムズ》第1221號,頁229。
日本名古屋地方法院判決平成18年4月14日平成16年（ワ）659號等公刊物未登載。
日本名古屋地方法院判決平成19年3月23日《判例時報》第1997號,頁93。
日本岡山地方法院判決平成21年2月24日《判例時報》第2046號,頁124。
日本大阪地方法院判決平成21年3月25日《判例地方自治》第324號,頁10。

家庭法院

日本岐阜家庭審判平成元年6月23日《家庭裁判月報》第41卷第9號，頁116。

官方發言與資料

日本貴族院的國憲法改正案特別委員會9月11日（國務大臣・今森德次郎）。
日本昭和53年2月14日眾議院預算委員會提出政府見解。
日本昭和55年10月28日日本政府答辯書。
日本昭和55年12月5日日本政府答辯書。
日本昭和56年5月29日政府答辯書。
日本平成2年10月24日眾議院聯合國和平協力特別委員會工藤內閣法制局長官。
日本平成2年10月26日眾議院聯合國和平協力特別委員會中山外務大臣。
日本平成3年9月27日眾議院PKO特別委員會所提出。
日本平成6年6月8日眾議院預算委員會大出內閣法制局長官。
日本平成9年2月13日眾議院預算委員會大林內閣法制局長官。

判例集

《下級裁判所刑事裁判例集》第2卷第2號，頁144。
《下級裁判所刑事裁判例集》第3卷第3=4號，頁245。
《下級裁判所刑事裁判例集》第7卷第8號，頁1603。
《下級裁判所刑事裁判例集》第9卷第3號，頁359。
《下級裁判所民事判例集》第61卷第1號，頁425。
《金融・商事判例》第1145號，頁36。
《行政事件裁判例集》第13卷第5號，頁69。
《行政事件裁判例集》第13卷第5號，頁954。
《行政事件裁判例集》第14卷第3號，頁562。
《行政事件裁判例集》第41卷第5號，頁947。
《刑事手續法規に關する通達・質疑応答集》第263號，頁1062。
《高等裁判所民事判例集》第11卷第1號，頁457。

《最高裁判所刑事判例集》第5卷第5號，頁923。
《最高裁判所刑事判例集》第12卷第10號，頁2332。
《最高裁判所刑事判例集》第16卷第12號，頁1661。
《最高裁判所裁判集刑事》第254號，頁357。
《裁判所時報》第326號，頁4。
《判例タイムス》第214號，頁249。
《判例タイムス》第144號，頁73。
《判例タイムズ》第1120號，頁115。
《判例タイムズ》第1313號，頁137。
《判例時報》第1741號，頁53。
《判例時報》第2046號，頁124。
《判例地方自治》第174號，頁62。
《訟務月報》第50卷第5號，頁1580。
《訟務月報》第51卷第2號，頁412。
《訟務月報》第52卷第9號，頁2801、2895。

官方網站

中華民國總統府Office of the President Republic of China (Taiwan)，〈總統發表就職演說　宣示打造民主和平繁榮的新臺灣〉，https://www.president.gov.tw/News/28428。

新・座標44　PF0360

現代立憲主義日本國憲法條文判例
──國民、主權、和平、自由、平等

作　　　者	胡慶山
責任編輯	鄭伊庭、邱意珺
圖文排版	黃莉珊
封面設計	嚴若綾

出版策劃	新鋭文創
發 行 人	宋政坤
法律顧問	毛國樑　律師
製作發行	秀威資訊科技股份有限公司
	114 台北市內湖區瑞光路76巷65號1樓
	電話：+886-2-2796-3638　傳真：+886-2-2796-1377
	服務信箱：service@showwe.com.tw
	http://www.showwe.com.tw
郵政劃撥	19563868　戶名：秀威資訊科技股份有限公司
展售門市	國家書店【松江門市】
	104 台北市中山區松江路209號1樓
	電話：+886-2-2518-0207　傳真：+886-2-2518-0778
網路訂購	秀威網路書店：https://store.showwe.tw
	國家網路書店：https://www.govbooks.com.tw

出版日期	2024年12月　BOD一版
定　　價	390元

版權所有・翻印必究（本書如有缺頁、破損或裝訂錯誤，請寄回更換）
Copyright © 2024 by Showwe Information Co., Ltd.
All Rights Reserved

Printed in Taiwan

讀者回函卡

國家圖書館出版品預行編目

現代立憲主義日本國憲法條文判例：國民、主權、和平、自由、平等/胡慶山著. -- 一版. -- 臺北市：新銳文創, 2024.12
　面；　公分. -- (新.座標；44)
BOD版
ISBN 978-626-7326-57-2(平裝)

1.CST: 日本憲法 2.CST: 憲政主義
3.CST: 判例

581.31　　　　　　　　　　113018843